CIP-Kurztitelaufnahme der Deutschen Bibliothek
Milarepa:
Von der Verwirklichung und anderer Texte. [Ins Dt. übersetzt von Gerd Göllner. Hrsg. und eingel. von F.-T. Gottwald].
— 1. Auflage — Südergellersen: B. Martin, 1985.

ISBN 3-921786-49-5

MILAREPA

VON DER VERWIRKLICHUNG UND ANDERE TEXTE

Übersetzt von Gerd Göllner
Herausgegeben und eingeleitet
von Franz-Theo Gottwald

INHALTSVERZEICHNIS

Vorwort

Einleitung: Die befreiende Erkenntnis — Zu Grundthemen aus Milarepas Gesängen (F.-T. Gottwald)

I. Am roten Felsen des Juwelen-Tals

II. Die Reise nach Lashi

III. In den Schneefeldern

IV. Von den Freuden eines Yogi

V. Von der Verwirklichung

VORWORT

Milarepa (1040—1123) gilt als herausragender Erleuchteter. Er wurde im deutschsprachigen Raum vor allem bekannt durch die Übersetzung der Biographie von W. Y. Evans-Wentz: „Milarepa — Tibets großer Yogi" (O. W. Barth Verlag). Milarepa wirkte als spiritueller Lehrer in der Ghagyuba Tradition des tibetischen Buddhismus (T.: bKah.rGyud.Pa.). Diese Schule knüpft an den indischen Siddha Nāropā an. Dessen Schüler Marpa (1012—1096) gelang es, tantrische Erfahrungen, Yoga und Mahāmudrā zusammenzuschweißen, weshalb er auch als der „Übersetzer" bezeichnet wird. Milarepa ist Marpas bedeutendster Schüler, der die Lehrmeinungen und Übungen seines Meisters volkstümlich verbreitet hat.

Über Lehrmeinungen und Übungen dieser Tradition gibt aber nicht nur die Biographie Auskunft, sondern vor allem das „Mila Grubum" oder „Die hunderttausend Gesänge des Milarepa". Bedauerlicherweise ist dieser tibetische Klassiker religiöser Literatur bislang nicht vollständig ins Deutsche übertragen worden. Deshalb wollte G. Göllner eine allgemeinverständliche Gesamtübertragung vornehmen.

Göllner hatte Medizin studiert und sich schon früh indologischen, buddhologischen und tibetologischen Studien zugewandt. Durch die Begegnung mit tibetischen Lamas inspiriert, begann er im Jahre 1970 damit Tibetisch zu lernen. So stützt sich die vorliegende Übertragung einiger Gesänge Milarepas nicht nur auf die englische Übersetzung durch G. C. C. Chang, sondern berücksichtigt auch sprachkritische und philosophische Informationen, die Göllner in der Zusammenarbeit mit den Lamas des Tibet-Instituts in Rikon/CH erhielt. Aus dieser Forschungsarbeit wurde Göllner 1982 durch einen tödlichen Autounfall gerissen. Jedoch ist es ihm gelungen, fünf Texte zu übertragen, die recht geschlossen um das Thema der Verwirklichung oder Erleuchtung kreisen. Die hier veröffentlichten fünf Texte erfassen zentrale Lehren, Übungen und Erleuchtungen des Milarepa sehr genau. So vermitteln sie einen guten Einblick in die Grundlagen seiner Form des tibetischen Buddhismus.

Der Herausgeber ist der Erbengemeinschaft G. Göllner zu Dank verpflichtet, die ihm das Manuskript Göllners und alle Unterlagen über seine tibetologischen Forschungen zur Verfügung gestellt hat. An verschiedenen Stellen hat Göllner ziemlich frei übertragen, nicht zuletzt um den poetischen Charakter des Originals zu erhalten. Auch hat er die einzelnen Lieder mit Überschriften versehen. Die von ihm gemachten Ergänzungen und Anmerkungen sind dem Text in Klammern eingefügt. Leider fehlten zum Textverständnis notwendige Erklärungen, z.B. der tibetischen Worte, völlig. Sie mußten vom Herausgeber teils neu und teils im Rückgriff auf die Übersetzung ins Englische von Chang erarbeitet werden.

Um dem Leser den Zugang zu der vielschichtigen Weltanschauung Milarepas und seinem Weg zur Verwirklichung zu erleichtern, hat der Herausgeber dem Text einen einleitenden Essay vorangestellt.

Frankfurt/M, im Frühling 1985
Franz-Theo Gottwald

ABKÜRZUNGEN UND AUSSPRACHE

Tibetische Namen von Orten und Personen sind im Text ihrer Aussprache gemäß übertragen, um Schwierigkeiten beim Lesen zu vermeiden. In den Anmerkungen sind die tibetischen Terme in Klammern geschrieben und mit dem Buchstaben „T." gekennzeichnet. Sie sind ins Lateinische transkribiert, genauso wie die Sanskritterme, die im Text der Anmerkungen durch die Buschstaben „Skt." hervorgehoben werden. Die Latinisierung der tibetischen Worte wurde anhand des Systems von Sarat Chandra Das vorgenommen. Für das Sanskrit gilt ein vereinfachtes System ohne Berücksichtigung von Cerebralisierung und sekundären Lautzeichen.

Zur Aussprache der Sanskritbegriffe:
ā, ī, ū, o und e sind lang
ç wie tsch
j wie dsch
s wie ss
ś wie sch
sh wie ch
v wie w
y wie j

EINLEITUNG

DIE BEFREIENDE ERKENNTNIS — ZU GRUNDTHEMEN AUS MILAREPAS GESÄNGEN

F.-T. GOTTWALD

„Aber ich will in diesem einen Leben zur Buddhaschaft gelangen" Milarepa

1. Der Meister

Marpa, der Übersetzer, ist Milarepas Meister. Milarapa schätzt ihn als lebendigen Ausdruck der Buddhaschaft. Marpa legt vor Milarepa in allem Handeln, Sprechen und Schweigen Zeugnis ab für die höchste Form menschlicher Verwirklichung oder Vollendung. Als spiritueller Meister vermittelt Marpa die Gegenwart Adibuddhas, des erhabenen, erleuchteten Gautama Buddha. Er verkörpert im Hier und Jetzt den Quellgrund der Buddhaschaft, die Heilige Lehre, den Dharma der befreienden Erkenntnis.

Wie jeder Meister hat Marpa den Heiligen Dharma, das Kosmische Gesetz und die naturgemäße Lebensordnung gemeistert. Er lebt spontan im Einklang mit allen Naturgesetzen und beherrscht die Natur als Ganze durch sein Einssein mit ihr. So handelt er rein lebensfördernd zum Wohle aller Wesen.

Für Milarepa hat sein Meister höchstes Wissen verwirklicht. Marpa hat in Milarepas Augen alle Wissensstrukturen belebt, die für die Erleuchtung nötig sind. Und vor allem: sein Meister weiß um das Geheimnis des Seins. Er hat das Große Siegel (mahāmudrā) geöffnet und die Grundverfassung allen Daseins erkannt: es ist Nichts, Leere, ohne Anfang und ohne Ende, überall und nirgend — śūnyatā, die große LEERE.

Aber der Meister ist nicht nur Wissender. Er ist auch Guru: Vertreiber der schweren Last des Unwissens, die Milarepas Bewußtsein einengt und es überschattet. Marpas Wissen ist der Weg der Erleuchtung für Milarepa. Sein Wissen öffnet das Geheimnis der vollendenden Verwandlung des Bewußtseins: „Verehrung sei Dir, mein Guru!"

Marpas Rolle Milarepa gegenüber besteht darin, daß er bewußt die Kraft, die ihn selbst zu einer hohen Stufe des Lebens verwandelt hat, als die Kraft einsetzt, die die gleiche Verwandlung in seinem Schüler entbindet. Dadurch verwandelt er Milarepas Bewußtseinswirklichkeit aktiv. Er arbeitet mit ihm, wie in Milarepas Lebensgeschichte ausführlich dokumentiert wird. Er überträgt ihm sein Wissen und seine Energie. „Durch die hilfreiche

Belehrung meines Meisters gelangte ich zur Entschlüsselung des geheimnisvollen Tantra" der verwobenen, verflochtenen Einheit von Saṃsāra (erscheinender Welt) und Nirvāna (selbsterleuchteter Wirklichkeit).
Milarepa ist nicht nur Schüler und Verehrender, er ist vielmehr dem Meister total hingegeben. Er hat sein eigenes Unvermögen zur Selbstbefreiung, seine Unwissenheit um Heil eingesehen und im Augenblick des Stillehaltens dem Meister die Möglichkeit gegeben, aus seiner gewußten Unwissenheit Wissen wachsen zu lassen. Er hat sich in die Hände Marpas vertrauensvoll, gläubig, annehmend hineingelegt. Er dient ihm aufopfernd und ohne nach dem Sinn und Wert der aufgetragenen Aufgaben zu fragen: er tut einfach, erfüllt den Auftrag des Meisters im Kleinen und Großen nach bestem Vermögen. Er dient auch noch, nachdem er schon längst selbst spiritueller Lehrer ist und in den Bergen Tibets wandert.

Diese völlige, zur Haltung gewordene Hingabe an den Meister besingt Milarepa in den ersten Liedern der „Reise nach Lashi", und sie kommt auch in den Einleitungsformeln zu jedem einzelnen Lied zum Ausdruck. Sie läßt einen Fluß des Wissens von Marpa zu Milarepa entstehen, der reibungslos und unmittelbar ist. Eine von Raum und Zeit unabhängige Herzenskommunikation wird ermöglicht, die alles Wissenswerte spontan zugänglich sein läßt.

Umgekehrt ergreift der Meister den Schüler total. Nur so kann er ihm die „Inneren Lehren" vermitteln, das Unaussprechliche am Geheimnis von Bewußtsein zu Bewußtsein schwingen lassen. Nur so kann er wirklich dem Fortschritt des Schülers dienen. Er tut alles, um den Schüler selbst zum Meister zu entwickeln. Milarepa soll, genau wie Marpa, auf einmalige Weise das universale Wissen verkörpern. Dazu ermächtigt ihn der Meister nach vielen Proben. Nur wer alle Proben besteht, ist Wert, in die Tradition der Meister aufgenommen zu werden. Nur der, der das „höchste Opfer unübertrefflicher Ausdauer" dem Guru entgegengebracht hat, wird von ihm beauftragt, zum Wohle und zur Erleuchtung anderer Wesen tätig zu sein.

Milarepa gelingt es, sich mit Marpa so zu vereinen, daß er selbst in die Tradition der Meister aufgenommen wird. So darf er selbst der Bewußtseinserweiterung seiner Zeitgenossen und der Nachwelt dienen.

„Ehrerbietung und Gehorsam allen erleuchteten Meistern!"

2. Die Lehre und der Weg

Wenn der Schüler zum Meister wird, dann verwirklicht er die „reine Dharmavorschrift" als die einende Verbindung zwischen ihm, seinem Meister und allen fühlenden Wesen. Den Mitmenschen und allen Wesen dienen kann nur der, der selbst im Einklang mit dem Heiligen Dharma lebt. Dharma hat für Milarepa zwei Aspekte. Zum einen ist Dharma das universale Gesetz, die Kosmische Ordnung, die alles zusammenhält, erhält, aufrechthält. Zum andern bedeutet Dharma die Gesamtheit der Lehren Buddhas. Die Lehren Buddhas sind Dharma, da sie die universale Wahrheit des Lebens im Einklang mit dem Kosmischen Gesetz verkünden. Sie sind die sprachliche Offenbarung von Natur- und Sittengesetz. Dharma ist die richtige Art, wie Lebensprobleme zu behandeln sind und „helfende Wahrheit" im Sinne eines der befreienden Erkenntnis förderlichen Brauchtums und Handelns.

In seinem Lied „Von den sechs Grundzügen" aus dem Text „In den Schneefeldern" besingt Milarepa den „Heiligen Dharma" in seinen beiden Aspekten. „Allgegenwärtig, allumfassend, alldurchdringend ist die Sphäre des Dharma". Aber auch konkrete Naturzusammenhänge, Erkenntniszusammenhänge, Sittenzusammenhänge und die Wege zur Befreiung werden in dem Lied als „Gabe des Dharma" auf „dem Pfad der gesegneten Lehre" vorgestellt.

Milarepa betont, daß Dharma für ihn hauptsächlich in den „Lehren der übenden Nachfolge" besteht. Dharma ist für ihn die Ordnung zur erleuchtenden Lebensführung. Er ist ein praktisch orientierter Weiser, für den Verhaltensregeln, Lebensweisheiten die wichtigste Rolle im Umgang mit seinen Schülern spielen. Er unterrichtet den Dharma, indem er auf seinen eigenen Lebenswandel als Einsiedler verweist und versteht sich als lebendigen „Weg zur Buddhaschaft".

Auf diesem Weg erfährt Milarepa jedes Erlebnis als wertvoll für die Vertiefung der befreienden Erkenntnis, seien es Naturerlebnisse, sei es das Erlebnis der Einsamkeit oder das Zusammensein mit den Menschen von Non Tsar Ma. In Natur- und Menschenbeschreibungen drückt er sein tiefes Einfühlen und sein einendes Selbig-sein mit allem aus. Er hat eine absolute Auffassungsgabe entwickelt, die furchtlos und unverschleiert das unmittelbare Wahrnehmen der Dinge erlaubt, also die Dinge in ihrem Dharma erfassen kann, so wie sie sind. Wie gelangt man nach Milarepa dazu, den „Weg zur Buddhaschaft" in allen Erlebnissen zu finden?

„Lenkt Euer Bewußtsein nach innen, und Ihr werdet den Weg finden;
Seid demütig und bescheiden, so werdet Ihr Euren Weg finden;
Meditiert ohne Zerstreutheit, und Ihr werdet Euren Weg finden;
Nur durch Glauben und Treue werdet Ihr Euren Weg finden;
Seid aufrichtig und ernsthaft, und Ihr werdet Euren Weg finden;
Nehmt aufeinander Rücksicht, sucht gegenseitiges Verstehen, und Ihr werdet Euren Weg finden;
Haltet Euch von Bindung und Vortäuschung fern!" — so heißt es in dem Text „Von den Freuden eines Yogi" über den Weg.

Milarepa kennt eine Reihe von verändernden Verhaltensweisen, die zur befreienden Erkenntnis führen. Sie alle haben eine Gemeinsamkeit: es geht um Üben des Transzendierens, um das Überschreiten von groben, außengeleiteten Handlungen hin zu verfeinerten, selbst- oder innengeleiteten Vorgängen. Übungen im Loslassen des Alten, in Stillehalten, auf daß sich Neues einstellen kann, und im Annehmen des Neuen erlauben das Transzendieren. Die Hinweise auf den Weg zeigen, daß der Weg innersubjektiv, zwischenmenschlich oder religiös sein kann. Der Umgang mit sich selbst, das soziale Verhalten und der religiöse Glauben bieten alle drei eine Fülle von Gelegenheiten, den Weg, der selbst das Ziel ist, zu finden.

Letztlich allerdings ist Milarepa „der Ungebundene", frei von allen äußeren und inneren Prinzipien und Vorschriften. Seine Ungebundenheit zeigt sich ihm aber erst im Moment der Aufhebung der Zweiheit zwischen Übung und Übenden, zwischen Weg und Unterwegsseiendem. „Wenn Vorschriften und der sie beachtende verschwinden, dann widmet man sich ungehindert der Übung" — dann erst ist man natürlich und anstrengungslos die Übung selbst, und in diesem Einklang offenbart sich das Ziel: die Erleuchtung. Als Verwirklichter schreibt Milarepa: „Ich sah ein, daß Übungen, Schritte und Stadien (zur Befreiung) Illusion sind" — die unbedingte Ganzheit der LEERE ist ihm überall und zu jeder Zeit in allem gegenwärtig geworden: die befreiende Erkenntnis!

3. Die Übung

Buddhaschaft bedeutet für Milarepa in erster Linie, Meisterschaft über den eigenen Geist zu gewinnen. Der ich- und weltverhaftete, unstete, rastlose Denk- und Fühlgeist muß sich transzendieren, die Quelle aller geistigen Aktivität entdeckt werden. Urgrund aller fühlend-denkenden Wesen ist der unendliche, allumfassende Buddha-Geist. Buddha-Bewußtsein ist jenseits aller angeregten Zustände gefühlsmäßiger oder mentaler Art, jenseits also von Impulsen, Ideen, Gefühlen, Gedanken und Körpern. Aber es ist auch in allem. Das ist schon alles, was über es gesagt werden kann. Der Buddha-Geist kann nicht eigentlich beschrieben werden, da er das Feld der Sprache überschreitet. Sprache kann nur Andeutungen machen, umschreiben und Bilder verwenden, die auf Buddha-Bewußtsein hinweisen. Milarepa umschreibt den Buddha-Geist philosophisch als das „große, erleuchtende Bewußtsein der Leere".

Die LEERE ist nicht einfachhin Nichts — also bloße Verneinung bestimmter Erscheinungen, Gegensatz zu all den Dingen, die der sinnlichen Erfahrung gegeben sind. Sie ist nicht bloß leer, angesichts der Menge von Erfahrungen in der Welt. Sie ist nicht einfach Stille, angesichts des Laufs und der unruhigen Bewegung der Ereignisse. Vielmehr ist sie jenseits des Gegensatzes von voll und leer, von Tun und Nicht-Tun, von Aktivität und Ruhe, von Bewegung und Stille. Sie ist LEER insofern sie mit den gewohnten Mitteln der Erkenntnis, also mit den Sinnen, dem Denken,

Fühlen und dem Urteilen nicht begriffen werden kann: angesichts der LEERE greift der Mensch ins NICHTS. Sie ist trotzdem nicht Nichts, sondern das große, alle Gegensätze Umgreifende und Durchdringende. Allein durch die Verwirklichung der LEERE im Bewußtseinszustand des LEERE-SEINS weiß der darin Erleuchtete: DAS ist es; DAS ist alles, was ist; DAS bin ich.

Den Buddha-Geist verwirklichen, die befreiende Erkenntnis erleben, das allein läßt alle Wirklichkeit im absoluten Licht der LEERE erscheinen. Wie dieses Licht entzünden? Es entzündet sich selbst. Immer wieder neu flammt es auf und doch brennt es ewig — es muß nicht entzündet werden, und doch lehrt der Dharma, es zu entzünden. Wegloser Weg der alltäglichen Erfahrung; einfaches Tun von Schon-immer-Getanem, aber mit dem Wissen: dieses Tun kann mir Pfad zur Befreiung sein.

Der Meister weiß dies, der Heilige Dharma lehrt es, der Schüler folgt: er wendet das Wissen um Erleuchtung hier und jetzt auf sich an. Der Schüler nutzt die Anweisungen und Übungen als Fahrzeuge ans Ufer der Erleuchtung, an das andere Ufer des einen Lebensstroms. So nutzt auch Milarepa die Fülle buddhistischer Anweisungen zur stillen und tätigen Ein-Übung in den Buddha-Geist.

Die tätige Einübung oder der „Pfad der Mittel" besteht aus Hingabe zum Guru, der Befolgung reiner Gelübde (Gelübde ohne Eigennutz), einem Leben in der Einsamkeit und in den Übungen zum Beherrschen von Prāna, der universellen Lebenskraft. Die universelle Lebenskraft ist der dynamische Aspekt der LEERE. Sie zu meistern heißt in der LEERE gegründet zu sein, die Buddhaschaft ist dann erreicht.

Zur Meisterung des Prāna dienen Mantrarezitationen, Visualisierungsübungen, Konzentrationsübungen auf den Fluß des Geistes und Atemübungen sowie bestimmte Mudrās, also festgelegte Bewegungen, Körperhaltungen oder Gesten. Dazu kommen noch verschiedene Praktiken zur Meisterung des Traumzustands und auch zur Herrschaft über die Elemente, besonders über das Licht. Als königliche Übung gilt allerdings das Erwecken der Lebenskraft aus ihrem eingeschlossenen Zustand am unteren Ende der menschlichen Wirbelsäule und ihr Aufsteigenlassen entlang der Wirbelsäule bis zum Scheitel, so daß unten und oben, Erde und Himmel geeint erlebt werden. Dies Erlebnis sieht Milarepa als Schlüssel zur transzendentalen Wirklichkeit der allumschließenden LEERE an.

Milarepa kommt immer wieder auf diesen vielgliedrigen „Pfad der Mittel" oder den „Yoga mit Formen" zurück. Vor allem in der Auseinandersetzung mit den Dämonen spielt dieser Yoga eine entscheidende Rolle. Milarepa weiß, „daß alle Wesen und Erscheinungen aus meinem eigenen Bewußtsein stammen". Wenn ihm also dämonische Wesen begegnen, sind diese nichts anderes als Manifestationen seines eigenen Geistes. Es sind personale Erscheinungen von Grundtendenzen in ihm: Leidenschaft, Zorn, Gier, Gewalt und Lust. Besonders in den Liedern der Texte „Am roten Felsen des Juwelen-Tales" und „Reise nach Lashi" zeigt sich, daß das Gebaren der Dämonen genau den Gedanken und den Handlungen desjenigen Menschen entspricht, der die entsprechenden Eigenschaften gerade durchlebt: die Grimassen der Leidenschaft, das Zähneknirschen des Zorns, das bösartige Lachen der Gewalt, das Knebeln der anhaftend-bindenden Gier, die lustprovozierende Darstellung von Geschlechtsteilen. Milarepa gelingt es, diese negativen Energien und Tendenzen in ihrem behindernden Eigenleben zu transformieren. Dazu läßt er seinen Körper mit dem Buddhakörper (dharmakāya) verschmelzen. Er läßt seine Rede mit den Worten des Erhabenen geeint sein (jñānakāya) und läßt schließlich sein Bewußtsein „im klaren Licht der LEERE" aufgehen (nirmānakāya), indem er den Buddha-Geist annimmt.

Alle diese Transformationen geschehen durch das Anwenden der Kraft des Prāna-Geistes, die alles Negative neutralisiert oder gar positiv, lebensfördernd werden läßt, wenn sie bewußt auf Hindernisse, Mängel oder leidbewirkende Zustände und Eigenschaften gerichtet wird.

„Kehrt zurück, oh Freunde. Sucht nach jenem Glück, das jenseits von Furcht und Hoffnung wartet", ruft Milarepa den Dämonen zu. Er erinnert sie damit an den Ursprung aller (positiven wie negativen) Daseinsformen, an das große JENSEITS von allem Diesseits und Jenseits. Durch diese Umkehr, Heimkehr zum Ursprung, kann man den Bereich des Karma, den Bereich des Handelns und der Rückwirkung des Tuns, vollständig transzendieren. Allein in der großen LEERE, jenseits aller Dualität liegt die

Befreiung. Aus ihr allein wächst die vollendende Transformation. Milarepa spricht aber nicht nur von tätiger Einübung in den Buddha-Geist, sondern er empfiehlt auch den „Pfad ohne Mittel", den „Yoga ohne Formen". Dies ist der einfachste, unmittelbare Zugang zum Buddha-Geist. Sein Guru Marpa hat ihn auch in dieser „Übung der Stille" unterwiesen. Zunächst hat er Milarepa in einer Initiation einen ersten Geschmack des „einwohnenden Buddha-Bewußtseins" geschenkt. Auf dieser Erleuchtungserfahrung, auf diesem Transzendenzerlebnis konnte Milarepa aufbauen und in der häufigen Übung der stillen Meditation zu einer vollen Verwirklichung des reinen Bewußtseins in allen Bewußtseinsakten finden.

Die Hauptlehre dieses Mahāmudrā-Yoga enthält zwei Punkte: 1. Befreiung ist ein Ausdruck für vollkommene Entspannung von Körper und Geist. 2. Entspannung ist ein natürlicher und müheloser Vorgang. Milarepa kannte die Technik der geistigen Entspannung und das automatische Erreichen des Zustands der geringsten Anregung des Bewußtseins, der dem „einwohnenden Buddha-Geist" entspricht. Das ist die eigentliche „Sphäre der meditativen Erfahrung", reines, unbegrenztes Bewußtsein, „ohne zeitliche und räumliche Unterbrechung", Kontinuum des Stille-Seins.

„Meditiert in der Art des Nicht-Tuens und der Nicht-Anstrengung", so lautet die Anweisung, die Milarepa in „Von den Freuden eines Yogi" zu dieser Praxis gibt. Durch diese formlose Form spontanen Einübens eines immer entspannten, ungebundenen Bewußtseinszustands wird der statische Aspekt der absoluten LEERE im Alltag mehr und mehr verwirklicht.

Beide, der „Pfad der Mittel" und der unmittelbare Pfad, ermöglichen die befreiende Erkenntnis der LEERE. Beide gipfeln im Widerfahrnis der Freiheit. Beide führen zur endgültigen Befreiung aus allen leidhaften Bindungen, zur Befreiung von den „Übeln des Samsara", des Kreislaufs der Wiedergeburt. Beide erreichen das Ziel des ziellosen Wegs vollendeter Erleuchtung.

4. Die Vollendung

„Wer sich nie von der Erfahrung und Verwirklichung der Leere trennt, hat ohne Anstrengung alle Übungen der Anbetung und der Schulung vollendet. Darin werden alle Wunder gefunden" — so beschreibt Milarepa seinen Bewußtseinszustand. Er ist vollendet, da er in der großen LEERE gegründet ist. Er hat śūnyatā verwirklicht, sein Bewußtsein hat sich auf diese Einheit hin erweitert. Das gewohnte, empirische, bloß außengeleitete Bewußtsein ist transzendiert. Keine Wünsche gibt es, die noch erfüllt werden müßten, keine Furcht und keine Hoffnung, keinerlei Anhaften beherrscht Milarepa mehr. Er ist zur unendlichen Freiheit gelangt, die „jenseits allen Geredes" und „jenseits von Raum und Zeit" liegt, also jenseits aller bloßen Ichhaftigkeit und Trennung zwischen Ich und Nicht-

Ich, jenseits des Subjekt-Objekt-Dualismus. Milarepa hat die „Wahrheit der Nicht-Unterschiedenheit" erkannt, wie er im ersten Lied des Textes „Von der Verwirklichung" sagt. Er ist mit der „Natur des Lebens" wesenseins und weiß deshalb: „Alle Dinge sind aus Selbstbewußtheit, die an sich leer ist".

Diese Erkenntnis ist sehr konsequenzenreich. Sie verändert das Handeln. Wo Einheit bewußt gelebt wird, da verschmelzen „Handelnder und sein Handeln, dann werden alle Handlungen spontan vollkommen sein". Handeln, das diesem Bewußtseinszustand der Erleuchtung entspringt, verläuft im Einklang mit allen Naturgesetzen, da es von einem Wesen vollzogen wird, das im Einklang mit seiner eigenen unendlichen Natur ist, die die e i n e Grundlage aller Natur ist.

Diese Erkenntnis der LEERE verändert das verstandesmäßige Denken. „Wenn Subjekt und Objekt nicht mehr zu unterscheiden sind, da gibt es keine Ursache mehr, weil alles Leere geworden ist." Das Denken versucht dann nicht mehr, alles Gegebene linear auf Ursachen- und Wirkungszusammenhänge hin zu analysieren. Vielmehr bezieht es alles in einem Selbstrückbezug auf die absolute LEERE. „Im Wahrnehmen des eigenen Bewußtseins sieht man alle Dinge", sagt Milarepa, und zwar wie sie ihrer wahren Natur nach sind. Ein neues, seinshelles, integrierendes, einendes Denken wächst aus der Verwirklichung der LEERE, die „die Gegensätze ins Gleichgewicht" bringt.

Die Einheitserkenntnis verändert das Fühlen. „Selig sind

die zahllosen Formen der Schöpfung" jubelt Milarepa. Nur wer frei ist von jedwedem Anhaften und damit von allen Trennungs- und Verlustängsten, nur wer frei ist von den Gefühlstendenzen der Gier und der Leidenschaft, nur dieser erleuchtete Mensch kann Erfüllung erleben in allem, was ihm begegnet. Erfüllung ist mehr als bloßes Glücklichsein, mehr als Zufriedenheit. Sie vermittelt das Gefühl vollkommener Seligkeit im Erleben der Gegenwart des Ganzen in jeder Form der Schöpfung.

Erleuchtung verändert den Intellekt, die Unterscheidungsfähigkeit des Erleuchteten. Wenn der Intellekt mit der „selbstgegenwärtigen Weisheit voller Pracht" vertraut geworden ist, die „im Inneren leuchtet", dann ist er „ohne Gut und ohne Böse", „ohne Vergangenheit und ohne Zukunft" — er gründet im „Bewußtsein des Augenblicks", in der Einheit, die alle Zweiheit, Dreiheit und Vielheit durchdringt. Wenn der Intellekt in der Weisheit des Ganzen gründet, dann können seine Entscheidungsimpulse nur im Einklang mit allem sein, makellos, rein lebensfördernd.

In diesem Zustand dauerhafter Einsicht, daß „alle Formen dasselbe sind, wie die Natur des Geistes", verfügt Milarepa auch über Bewußtseinskräfte, die ihn dazu befähigen, alles zu tun, was für das Heil fühlender Wesen notwendig ist. Milarepa vermag das Heim aller Naturgesetze, den Bereich der „im Selbstbezug entspringenden Eigenmacht" spontan zu aktivieren, wie er in „Von den Freuden eines Yogi" erklärt. Er kennt die Natur in ihrem unmanifesten, leeren Grundzustand und hat dadurch Herrschaft über alle möglichen Erscheinungen dieses Grundzustands in der sinnlich gegebenen Welt erlangt.

Milarepa ist nicht nur ein großer Yogi, der über körperliche und geistige Disziplin zur einenden Verbindung mit der großen LEERE gelangt ist, sondern er ist auch ein Siddha: er hat die Fähigkeit verwirklicht, mit der Kraft der LEERE derart umzugehen, daß er alles machen kann. Aus der Einheit heraus kann er mit der Natur und ihren Gesetzen in vollendeter Form umgehen. So vermag er die Natur dazu zu bewegen, allgemein für nicht möglich gehaltene Dinge zu tun. Er hat die wunderbare Kraft erlangt, die ein neues System von Naturgesetzen und Erscheinungen selbstschöpferisch gestalten kann.

Vor allem in dem Text „In den Schneefeldern" offenbart sich der Siddha Milarepa. Milarepa hat die Kraft der Wärme gemeistert, er kann die Gestalt wechseln und zum Schneelöwen werden, er kann an mehreren Orten gleichzeitig sein, er kann über große Entfernungen hinweg sinnlich wahrnehmen, er beherrscht Hunger und Durst und kann die Naturgewalten Wind und Wasser durch Bewußtseinskraft bändigen. Er lebt das volle Potential, mit der Natur umzugehen. Indem er mit der Natur als Ganzer eins geworden ist, hat er eine totale Erweiterung zur absoluten Freiheit vollzogen. Mit der Natur als Ganzer eins zu werden, so daß man (scheinbar) Wunder wirken kann, setzt jedoch größtmöglichste Einfachheit, vollendetes Einfachsein voraus, ein sorgloses, kindliches, unschuldiges Gemüt, das alles so nimmt wie es ist. Darin liegt auch der Schutz für den so Ermächtigten: seine Macht hängt von seiner Einfachheit und Natürlichkeit ab. Ohne natürliches Einssein, das von selbst alle lebenden Wesen liebt und stützt, keine volle Macht über alles in der Schöpfung. Der Einsiedler Milarepa lebt vor, daß nur derjenige, der aller eigensüchtigen Mächte ledig geworden ist, daß nur der, der wirklich leer ist, die LEERE geworden ist, daß nur dieser die Macht zu allem erhält, Siddha sein kann.

Als Milarepa, der vollendete Yogi und Siddha, gefragt wird, wie sich Meisterschaft, Weg, Übung und Erleuchtung zusammenfassen lassen, da sagt er: „In Wahrheit das Selbst zu erkennen, bedeutet selbst Buddha zu sein!"

LITERATURVERZEICHNIS

Chang, G. C. C.: The Hundred Thousand Songs Of Milarepa, Vol. I und II. New York 1962³.

David-Neel, A.: Heilige und Hexer. Glaube und Aberglaube im Lande des Lamaismus. Leipzig 1931.

Evans-Wentz, W. Y.: Yoga und Geheimlehren Tibets. München 1937.

Evans-Wentz, W. Y.: Milarepa — Tibets großer Yogi. München 1978.

Ras-chun: Milarepa.
    Pfullingen 1956

Tucci, G./Heissig, W.: Die Religionen Tibets und der Mongolei. Stuttgart 1970.

Zimmer, H.: Philosophie und Religion Indiens. Frankfurt 1979³.

AM ROTEN FELSEN
DES JUWELENTALS

"Gehorsam allen Gurus"

Einst hielt sich der große Yogi Milarepa im Adlerschloß am Roten Felsen des Juwelen-Tals [1] auf. Er versenkte sich in die Übung der Mahāmudrā-Meditation [2]. Da stieg in ihm ein Hungergefühl auf, so daß er sich entschloß, etwas Nahrung zu sich zu nehmen. Als er jedoch um sich schaute, mußte er feststellen, daß es in seiner Höhle nichts Eßbares mehr gab, nicht einmal Wasser oder Brennmaterial — ganz zu schweigen von Salz, Öl oder Mehl.

„Es scheint mir, daß ich diese Dinge zu sehr vernachlässigt habe!", sagte er zu sich selbst, „Ich muß mich aufraffen, um wenigstens etwas Holz zu sammeln."

So ging er hinaus. Aber kaum hatte er eine Handvoll Zweige gesammelt, da erhob sich aus heiterem Himmel ein unerwarteter Sturm. Der Wind war so mächtig, daß er das Holz wegfegte; ja er zerriß ihm sogar seine zerlumpten Kleider. Versuchte er seine Kleider zusammenzuhalten, so flog das Holz davon. Griff er nach dem Holz, so zerrte es ihm die Kleider vom Leib. Frustriert begann Milarepa über seine Lage nachzudenken: „Obwohl ich nun schon jahrelang ein der Erleuchtung geweihtes Leben führe, mich im Dharma [3] übe und in der Einsamkeit lebe, bin ich trotzdem noch so Ich-verhaftet! Welchen Nutzen hat es, den Dharma zu üben, wenn es doch nicht gelingt, sich aus der Ich-Verhaftung zu lösen? Wenn der Wind wünscht, meine Kleider wegzublasen, so möge es geschehen!" Mit diesen Gedanken überwand er seinen Ich-Willen, der dem Wind Widerstand leisten wollte. Aber da er nun keinen Widerstand mehr leistete und auch wegen der Schwäche, die durch seinen Nahrungsmangel bedingt war, wurde er von der nächsten Sturmbö zur Erde geschleudert und fiel in eine Ohnmacht.

Als er wieder zu sich kam, war der Sturm vorbei. Hoch oben auf dem Zweig eines Baumes erblickte er sein Gewand; wie ein Siegesbanner wehte es in der sanften Brise. Die ganze Nichtigkeit dieser Welt und aller ihrer Angelegenheiten schlug sich in Milarepas Gemüt nieder, und es ergriff ihn ein überwältigendes Gefühl der Entsagung und des Verzichts. So saß er denn bald wieder auf einem Felsen und meditierte einmal mehr über die Nichtigkeit dieser Welt.

Jedoch nicht lang, da gewahrte er, daß sich im Dro Wo Tal[4] eine Zusammenballung weißer Wolken erhob und sich bis in die Ferne des östlichen Horizontes ausstreckte. „Unter dieser Wolkenbank liegt der Tempel meines Gurus, des großen Übersetzers Marpa[5]", so sann es in Milarepa. „Ist nicht gerade jetzt die Zeit, zu der er und seine Frau die Lehrsätze des Tantra predigen und meinen Lichtbrüdern Einweihung und geistige Führung geben. Oh ja, mein Guru ist dort. Wenn ich jetzt dorthin gehen könnte, sollte es mögich sein, ihn zu sehen." Eine schier unermeßliche, unerträgliche Sehnsucht bemächtigte sich seines Herzens, während er mit verzweifelten Gedanken seines Gurus gedachte. Seine Augen füllten sich mit Tränen, und so fing er an, seinem Meister ein Lied zu singen:

Meinem Guru zum Gedenken

Indem ich Deiner gedenke, väterlicher Marpa,
   erlange ich Erleichterung in meinem Schmerz;
Ich, der Bettler, singe Dir deshalb ein heiß verehrendes Lied.

Über dem Roten Felsen des Juwelen-Tals schwebt in
   östlicher Richtung eine Herde weißer Wolken;
Unter ihnen türmt sich, wie ein brüllender Elephant,
   ein mächtiger Felsenberg;
Daneben lauert, gleich einem springenden Löwen,
   ein anderer Felsengipfel.

Im Tempel des Dro Wo Tals
   ruht eine große, steinerne Bank;
Wer thront nun dort? Ist es Marpa, der Übersetzer?
Wärest Du es, machte mich dies fröhlich und glücklich.
Ist auch meine Verehrung begrenzt, so regt sich doch
   der Wunsch, Dich zu sehen.
Bin ich auch schwach im Glauben, so möchte sich
   meine Seele dennoch mit der Deinen vereinigen.
Je mehr ich meditiere, um so stärker wächst die
   Sehnsucht nach meinem Guru.

Lebst Du noch zusammen mit Deiner Frau Dagmema?
Ihr bin ich zu größerem Dank verpflichtet als meiner
   Mutter.
Wenn sie noch bei Dir ist, so bin ich fröhlich und
         glücklich.
Obwohl die Reise dorthin weit ist, möchte ich sie dennoch
         gerne sehen;
Wenn auch die Strasse gefahrvoll ist, so möchte ich doch
   die Verbindung zu ihr wieder herstellen.
Je mehr ich mich in der Kontemplation übe,
   um so mehr denke ich an Dich;
Je mehr ich meditiere, um so mehr denke ich an
   meinen Guru.

Wie glücklich wäre ich, wenn ich bei der Versammlung
   dabei sein könnte,
   der Du das Hevajra-Tantra predigen magst [6].
Obwohl ich ein einfaches Gemüt habe, wünsche ich
   dennoch zu lernen.
Obwohl ich unwissend bin, sehnt es mich dennoch,
   Gebete und Mantras zu rezitieren.
Je mehr ich mich in der Kontemplation übe,
   um so mehr denke ich an Dich;
Je mehr ich meditiere, um so mehr denke ich
   an meinen Guru.

Vielleicht weihst Du Deine Schüler jetzt in die Vier
Symbolischen Initiationen[7] der Mündlichen
Überlieferung[8] ein;
Könnte ich doch der Versammlung beiwohnen,
ich wäre fröhlich und glücklich.
Obwohl ich kaum verdienstvolle Werke (der Selbstlosigkeit) aufzuweisen habe, möchte ich doch
eingeweiht werden.
Obwohl ich zu arm bin, Dir große Geschenke zu machen,
so verlangt mein Herz doch danach, solches zu tun.
Je mehr ich mich in der Kontemplation übe, um so mehr
denke ich an Dich;
Je mehr ich meditiere, um so mehr denke ich an
meinen Guru.

Vielleicht lehrst Du jetzt die Sechs Yogas des Nāropā[9];
Wenn ich dabei sein könnte, wäre ich fröhlich und
glücklich.
Obwohl mein Fleiß gering ist, möchte ich doch lernen.
Obwohl meine Ausdauer beschämend ist, wünsche ich
zu üben.
Je mehr ich mich in der Kontemplation übe,
um so mehr denke ich an Dich;
Je mehr ich meditiere, um so mehr denke ich
an meinen Guru.

Die Licht-Brüder von Weu und Tsang —
sind sie jetzt vielleicht bei Dir?
Wenn ja, es stimmte mich fröhlich und glücklich.
Obwohl ich geringere innere Erfahrung und Selbst-
erkenntnis erlangt habe als sie,
so möchte ich die meinige doch mit
der ihren vergleichen.
Obwohl ich mich in der Verehrung und im tiefsten
Glauben nie von Dir getrennt habe, so foltert mich
doch das Verlangen, Dich zu sehen.
Diese überwältigende Sehnsucht quält mich;
Diese große Marter erstickt mich.
Bitte, mein gnädiger Guru, erlöse mich
von diesem Schmerz.

Kaum hatte Milarepa (mit seinem Klagelied) geendet, da erschien der Verehrte, der Jetsun[10] Marpa auf einer Herde von Regenbogenwolken, die das Aussehen eines fünffarbigen Gewandes annahm. Eine immerfort wachsende himmlische Strahlung umfloß sein Antlitz. Auf einem reich geschmückten Löwen reitend, näherte er sich Milarepa.

„Großer Zauberer[11], mein Sohn, warum solche tiefe Erregung?", fragte er, „warum riefst Du so verzweifelt nach mir? Warum kämpfst Du so sehr? Hast Du denn keinen unerschütterlichen Glauben an Deinen Guru und an Deinen Schutz-Buddha? Lockt Dich die äußere Welt mit verwirrenden Gedanken[12]? Heulen die acht weltlichen Winde[13] in Deiner Höhle? Zehren Furcht und Sehnsucht an Deiner Stärke? Hast Du nicht fortwährend Deine Werke dem Guru und den Drei Kostbarkeiten[14] aufgeopfert? Hast Du Deine Verdienste nicht dem Wohlergehen aller fühlenden Wesen[15] gewidmet, die die Sechs Sphären-Reiche[16] bewohnen? Hast Du noch nicht jenen Gnadenstand erreicht, in dem Du Dich selber von Sünden reinigen und Verdienste erarbeiten kannst? Was immer der Grund Deiner Verwirrung sein mag, Du darfst gewiß sein, daß wir uns nie voneinander trennen werden. Darum fahre in Deiner Meditation fort, zum Wohle des Heiligen Dharma und aller fühlenden Wesen."

Von dieser sublim-freudigen Vision (astralen Projektion Marpas) inspiriert, sang Milarepa zur Antwort:

Wenn ich das Antlitz meines Guru sehe und seine Worte höre, dann bin ich, der Bettler, von dem Prāna meines Herzens bewegt[17].
Ehrerbietung und Verehrung entströmen meinem Herzen, wenn ich mich der Lehren meines Guru erinnere.
Seine aus dem Mitleiden geborenen Segnungen erfüllen mich und verbannen alle quälenden und selbstzerstörerischen Gedanken[18].
Mein erstes Lied ‚Meinem Guru zum Gedenken', wurde wunderbarerweise von Dir, meinem Lehrer gehört;
Aber ich befinde mich immer noch in Dunkelheit.
Bitte, hab Mitleid mit mir und gewähre mir Deinen Schutz!

Unübertreffliche Ausdauer ist das höchste Opfer, das ich meinem Guru bringen kann.
Die vortrefflichste Weise, ihm gefällig zu sein, besteht darin, die Mühsal der Meditation zu ertragen!
Einsam und allein in dieser Höhle zu verweilen, dies ist der edelste Dienst an den Dākinī-Engel [19].
Indem ich mich dem Heiligen Dharma weihe, leiste ich der Lehre des Erhabenen (dem Buddhismus) den besten Dienst.
Indem ich mein Leben der Meditation widme und meine leidenden Mitwesen betend segne, schenke ich ihnen die wirksamste geistige Hilfe!
Indem ich Tod und Krankheit als Gnadengeschenk willkommen heiße, reinige ich mich von meinen früheren Sünden.
Indem ich mich weigere, verbotene (berauschende und aufgeilende) Nahrungsmittel zu essen, erleichtere ich mir den Kampf gegen die Leidenschaften und beschleunige so den Weg zu Selbstverwirklichung und Erleuchtung.
Um die Freigiebigkeit meines väterlichen Gurus zu würdigen und zu vergelten, meditiere ich tagaus und tagein, immer wieder.

Mein Guru, bitte gewähre mit Deinen Schutz!
Hilf diesem Bettler, daß er die Kraft findet, immer in dieser Einsiedelei zu weilen.

Nun war Milarepa innerlich wieder gestärkt und aufgemuntert. Er brachte seine Kleider in Ordnung und ging mit einer Handvoll Holz zurück in seine Höhle. Zu seinem großen Schrecken fand er innen fünf indische Dämonen, mit Augen, so groß wie Untertassen. Einer saß auf seinem Bett und predigte, zwei hörten den Ausführungen zu, ein anderer bereitete Speisen zu und bot sie an und der letzte studierte Milarepas Bücher.

Von dem anfänglichen Schock beeinflußt dachte Milarepa: „Dies sind wohl magische Erscheinugen der örtlichen Gottheiten, die mir nicht gut gesinnt sind, wahrscheinlich, weil ich ihnen weder Opfer brachte noch Komplimente machte; und dies, obwohl ich schon so lange hier lebe." Deshalb sang er:

Das Lied der Höflichkeitsbezeugungen an die Gottheiten
vom Roten Felsen des Juwelen-Tals

Dieser verlassene Fleck, wo meine Hütte steht, ist ein
    Platz, der den Buddhas gefällig ist;
Ein Ort, an dem sich vollendete Wesen aufhalten, eine
    Stätte der Zuflucht, an der ich alleine weile.
Über dem Roten Felsen des Juwelen-Tals schaut man
    den Weg der weißen Wolken.
Unten im Tal bahnt sich der sanfte Tsang-Fluß seinen
    Weg.
Dazwischen kreisen die wilden Geier.

Bienen tummeln sich zwischen den Blüten, berauscht
   von deren Duft;
In den Bäumen tollen sich die Vögel und erfüllen die
   Luft mit ihrem Gesang.

In den Nischen des Roten Felsens vom Juwelen-Tal
   erlernen junge Spatzen das Fliegen;
Affen vergnügen sich im Springen und Schwingen,
   vierfüssige Bestien rennen und kämpfen —
Ich aber übe das Zweifache-Bodhi (Erleuchtungs)-
   Bewußtsein [20] und erfreue mich des Fortschritts in
   der Meditation.

Ihr Dämonen [21], Geister [22] und Götter dieser Stätte,
   Freunde Milarepas,
trinkt von dem Nektar der Güte, der Liebenswürdigkeit
   und des All-Erbarmens;
Dann kehrt zu Euren eigenen Aufenthaltsorten zurück,
   die Ihr aufgrund Eures Karmas erhalten habt.

Aber die indischen Dämonen verschwanden nicht, sondern warfen vernichtende Blicke gegen Milarepa. Zwei von ihnen näherten sich ihm; der eine fletschte die Unterlippe und schnitt Grimassen, der andere knirschte entsetzlich mit den Zähnen. Ein dritter, der von hinten anrückte, gab ein gewaltiges, boshaftes Lachen von sich und brach in lautes Schreien aus. So versuchten sie gemeinsam Milarepa Furcht einzujagen.

Da Milarepa keinen Zweifel an ihren üblen Absichten hatte, begann er die Abwehrmeditation „Zorniger Buddha" und intonierte mit starker Willenskraft eine machtvolle Anrufung [23]. Aber die Dämonen wollten immer noch nicht verschwinden. Daraufhin begann er mit starkem Mitgefühl (für die dämonisch verunstaltete Buddhanatur) den Heiligen Dharma zu predigen. Doch sie blieben trotzdem.

Endlich erklärte Milarepa: „Durch die Gnade Marpas ist mir vollkommen bewußt geworden, daß alle Wesen und alle Erscheinungen aus meinem eigenen Bewußtsein stammen. Das Bewußtsein selbst ist Transparenz der Leere [24]. Welchen Nutzen hat darum all meine verrückte Anstrengung, diese Manifestationen auf der materiellen Ebene zu vertreiben!"

Nach dieser Überlegung begann Milarepa in unerschrockener Stimmung von der Verwirklichung zu singen:

Das Lied von der Verwirklichung

Väterlicher Guru, der Du die Vier Dämonen [25] besiegt hast, ich beuge mich vor Dir, Marpa, dem Übersetzer.

Ich, den Ihr seht, der Mann mit einem Namen, Sohn von Darsen Gharmo, der Schneelöwin [26], wurde in meiner Mutter Schoß genährt, indem ich die Drei Nāḍīs [27] miteinander verband.

Als Baby schlief ich in meiner Wiege;
Als Junge hütete ich das Haus;
Als Mann lebte ich auf den Hohen Bergen.

Obwohl der Sturm auf dem Schneegipfel schrecklich
  wütet, kenne ich keine Angst.
Obwohl der Abgrund steil ist und gefährlich, kenne ich
  keine Furcht!

Ich, den Ihr seht, der Mann mit einem Namen, bin der
  Sohn Gārudas, des Goldenen Adlers [28];
Mir wuchsen Flügel und Federn im Ei.
Als Kind schlief ich in der Wiege;
Als Junge hütete ich das Haus;
Als Mann flog ich im Himmel.
Obwohl das Firmament hoch und weit ist, fürchte ich
  mich nicht;
Obwohl der Weg steil und schmal ist, habe ich doch
  keine Angst.

Ich, den Ihr seht, der Mann mit einem Namen, bin der
  Sohn von Nya Chen Yor Mo [29], dem König der
  Fische.
Im Schoß meiner Mutter rollte ich die goldenen Augen.
Als Kind schlief ich in meiner Wiege;
Als Junge lernte ich schwimmen;
Als Mann durchtauchte ich den Großen Ozean (des
  Samsāra).

Obwohl die donnernden Wellen (weltlicher Gesinnung)
   erschrecken können,
   kenne ich keine Angst;
Obwohl zahllose Angelhaken lauern, kenne ich keine
   Furcht.

Ich, den Ihr seht, der Mann mit einem Namen, bin
   ein Sohn der Ghagya Lamas[30].
Noch in meiner Mutter Schoß, wuchs mir der Glaube.
Als Kind trat ich durch das Tor des Heiligen Dharmas;
Als Junge studierte ich die Lehren Buddhas;
Als Mann lebte ich allein in den Höhlen.
Obwohl sich der Spuk der Dämonen, Geister und
   Teufel vervielfältigt, kenne ich keine Furcht.

Die Tatzen des Schneelöwen erfrieren nicht;
Welches Recht hätte man sonst, diesen Löwen ‚König'
   zu nennen?
Er, der die Drei Vollkommenen Mächte beherrscht —
Er, der die Drei Machtvollkommenheiten besitzt[31].

Ein Adler fällt niemals vom Himmel herab, wäre sein
   Fall nicht absurd?
Ein feuergehärteter Stahl kann nicht von Steinen zer-
   trümmert werden, welchen Sinn hätte sonst die Ver-
   edlung des Eisenerzes?
Ich, Milarepa, fürchte weder Dämonen noch Wider-
   sacher;

Könnten sie Milarepa erschrecken, wie stünde es dann um seine Verwirklichung und Erleuchtung?

Ihr Geister und Dämonen, Ihr Feinde des Dharma, heut' seit Ihr mir willkommen!
Es ist mir eine Freude, Euch hier zu empfangen!
Ich bitte Euch, bleibt hier, verlaßt mich nicht so hurtig;
Wir wollen gegeneinander disputieren und miteinander spielen.
Auch wenn Ihr im Sinn habt wegzugehen, diese Nacht könnt Ihr hierbleiben;
Der Schwarze Dharma möge mit dem Weißen Dharma [32] die Klingen kreuzen;
Wir werden sehen, wer besser fechten und machtvoller segnen kann.
Bevor Ihr hier her kamet, habt Ihr Euch verschworen, mich auf die Probe zu stellen.
Schande und Ungnade käme von Euresgleichen über Euch, würdet Ihr mit nichterfülltem Schwur zurückkehren.

Mit diesen Worten erhob sich Milarepa vertrauensvoll und stürzte sich in seine Höhle, geradewegs auf die Dämonen zu. Erschrocken wichen sie zurück, rollten verzweifelt ihre Augen und zitterten heftig am ganzen Leib. Dann quirlten sie sich wie ein Strudel ineinander, verschmolzen alle in eins und verschwanden.

„Dies war der Dämonenkönig Vināyaka[33]; der, der Hindernisse ausheckt: er suchte bei mir nach einer Schwachstelle", dachte Milarepa. „Auch der Sturm von vorhin war zweifellos sein Werk. Aber Dank der Gnade meines Guru hatte er keine Chance, mir ein Leid anzutun."
Nach dieser Bewährungsprobe erlangte Milarepa unbeschreiblichen Fortschritt auf seinem geistigen Weg.
Dies war die Geschichte vom Angriff des Dämonenkönigs Vināyaka. Sie hat drei verschiedene Aspekte und kann deshalb dreifach betitelt werden:
Am Roten Felsen des Juwelen-Tals;
Die Geschichte vom holzsammelnden Milarepa;
Die sechs Arten an meinen Guru zu denken[34].

ANMERKUNGEN

1 „mChoñ" bedeutet meistens „springen". In diesem Zusammenhang aber: „Edelstein" oder „Juwel", so daß der tibetische Ausdruck „mChoñ.Luñ.Khyuñ.Gi.rDsoñ" übersetzt lautet: „Das Adler-Schloß des Tals zum Roten Felsen-Juwel".

2 Mahāmudrā bedeutet das „Große Symbol". Es ist eine spezifische Praxis der Verwirlichung von „Śūnyatā". Śūnyatā ist jenes Prinzip, welches die Nicht-Existenz einer Substanz aller Dinge und aller Wesen bezeichnet. Śūnyatā ist das grundlegende und wichtigste Axiom des Mahāyāna-Buddhismus und des tibetischen Tantrismus: Form ist Leere und Leere ist Form. In der Erleuchtung wird dieses Prinzip verwirklicht, Śūnyatā als absolutes Nichts erkannt. Mahāmudrā ist also eine spezifische Form kontemplativer wie meditativer Annäherung an die Letzwirklichkeit, an Śūnyatā, es ist eine Praxis der Leere oder der Entleerung.

3 Dharma ist ein Wort, das in der buddhistischen Literatur mit am häufigsten vorkommt. Es wird hauptsächlich in zweifacher Weise gebraucht: einmal um die gesamte Lehre des Buddha zu bezeichnen; dann wird es als „Gesetz" oder „erhabene Lehre" übersetzt — zum anderen, um die Rechtschaffenheit, Tugend, Angemessenheit von Lebewesen oder Gegenständen auszudrücken. Hier wird „Dharma" in seiner ersten Bedeutung verwandt.

4 Dro Wo Tal: der Ort, wo Marpas Tempel steht.

5 Marpa, der Übersetzer war Milarepas Lehrer (siehe Einleitung). Er begründete die Ghagyuba-Schule des Lamaismus.

6 Hevajra ist die Sanskritform des Tibetischen „dGyes.Pa.rDor.rJe". Da die wenigsten Leser Tibetisch können, werden hier und im folgenden immer wieder die Sanskritformen der tibetischen Namen

und Worte benutzt. Hevajra-Tantra ist Lehre und Praxis der Verehrung und Verbindung mit dem Schutzgott Hevajra.

7 Die erste Initiation heißt „Die Einweihung in das Gefäß-Sein"; wer diese Einweihung erhalten hat, darf Mantra-Yoga üben. Die zweite heißt „Die geheime Einweihung" und erlaubt dem Eingeführten Prāna-Yoga zu praktizieren. Die dritte Initiation heißt „Einweihung in die Weisheit". Sie ermöglicht fortgeschrittenen Prāna-Yoga zu üben. Die vierte heißt „Die symbolische Einweihung" und gestattet die Anwendung des Mahāmudrā-Yoga. Diese vier Initationen beinhalten alle wesentliche Lehren und Praktiken des Tibetischen Tantrismus.

8 „Die Mündliche Überlieferung", so lautet eine Bezeichnung der Lehre Marpas (T.: bKah.rGyud.Pa).

9 Die „Sechs Yogas des Nāropā" sind: 1. Der Yoga der Hitze, 2. Der Yoga des Traums, 3. Der Yoga des Illusions-Körpers, 4. Der Yoga des Bardo (Zwischenzustand zwischen Tod und Wiedergeburt bzw. Erleuchtung), 5. Der Yoga der Transformation und 6. Der Yoga des Lichts.

10 Jetsun: ein tibetischer Titel der Ehrerbietung, der religiösen Lehrern, Heiligen und herausragenden Führern verliehen wird.

11 „Großer Zauberer" ist ein Spitzname Milarepas, den er in seiner Jugend erhielt, als er sich der schwarzen Magie anverschrieben hatte (vgl. W. Y. Evans-Wentz 1978).

12 Verwirrende Gedanken, Nhamdog, meint den andauernden Gedankenfluß, der nicht aufhört, auch wenn der Mensch sich seiner Existenz gar nicht bewußt ist. Nhamdog sind auch chaotische Gedanken, Fehlurteile, Fantasien, Einbildung, bloße Impulse und ähnliches.

[13] „Die acht weltlichen Winde", eine Metapher für diejenigen Einflüsse, die die acht Leidenschaften am Leben halten, gleichsam aufblasen: Gewinn und Verlust, Beleidigung und Rührung, Auszeichnung und Belachen/Belachtwerden, Sorge und Freude. Sie heißen auch „die acht weltlichen Wünsche".

[14] Die „Drei Kostbarkeiten" sind der Buddha, die Lehre (Dharma) und der Samgha (die Gemeinschaft, die Versammlung).

[15] Fühlende Wesen sind alle Lebewesen, um deretwillen der Dharma gelebt wird.

[16] Die „Sechs Sphären-Reiche" oder Lokas meinen die sechs Ebenen Samsara: Hölle, die Ebene der hungernden Geister, der Tiere, der Asuras oder Nicht-Menschen, der Menschen und die Ebene der himmlischen Wesen.

[17] Der Herz-Prāna verursacht die meisten der in der Meditation auftretenden Visionen und Empfindungen, die im Herzchakra latend vorhanden sind und durch den Herz-Wind (Prāna) lebendig werden und dem Bewußtsein erscheinen.

[18] Selbstzerstörerische Gedanken sind alle Gedanken, die nicht im Einklang mit dem Dharma sind.

[19] Dākinīs: weibliche Gottheiten, die den sichtbaren Himmel bewohnen. Sie spielen eine bedeutsame Rolle in verschiedenen tantrischen Riten.

[20] Es gibt ein irdisches und ein transzendentales Bodhi-Bewußtsein. Das irdische Bodhi-Bewußtsein ist ein Bewußtsein, das sich auf Śūnyatā ausgerichtet hat und begonnen hat, den Dharma der Erleuchtung zu leben, aber noch nicht die absolute Leere verwirklicht hat. Das irdische Bodhi-Bewußtsein üben, heißt Körper, Denken und Ego durch entsprechende Wünsche, Haltung und Einstellung auf Erleuchtung hin zu bestimmen. Das transzendentale Bodhi-

Bewußtsein ist Bewußtsein, das aus der Erfahrung der Erleuchtung heraus aktiv wird. Wo Bodhi-Bewußtsein in der Leere gründet, die absolute Leerheit als Letztwirklichkeit in sich verwirklicht hat, da ist es transzendentales Bodhi-Bewußtsein. Transzendentales Bodhi-Bewußtsein üben heißt, gezielt an der Integration des in der Praxis des Mahāmudrā lokalisierten absoluten Wertes des Lebens ins irdische Bodhi-Bewußtsein zu arbeiten.

[21] Wörtlich: Jung Bo, ein besonderer Typ tibetischer Dämonen.

[22] Wörtlich: Non-Men, der allgemeine Ausdruck für Geister, Dämonen oder Asuras.

[23] Ein Mantra, um Dämonen und Hindernisse zu beseitigen.

[24] Dieses Bewußtsein wird auch als „leuchtende Leere des Geistes" oder „in der Leere verkörperte, erleuchtete Selbstbewußtheit" bezeichnet.

[25] Die Bezeichnung „Vier Dämonen" wird hier auf die vier Haupthindernisse angewandt, die den spirituellen Fortschritt blockieren: der Dämon der Krankheit, der der Unterbrechung der Praxis, der des Tods und der der Wünsche und Leidenschaften.

[26] Die Schneelöwin bringt Reichtum, ist Königin der wilden Tiere und ißt kein verdorbenes Fleisch, so heißt es im Gesang: Herausforderung durch eine weise Dämonin.

[27] Die „Drei Nādīs" sind die mystischen Kanäle rechts und links in der Wirbelsäule und in deren Mitte. Durch sie strömt der Lebensstrom der Kundalini.

[28] Wörtlich: Königsadler.

[29] Nya Chen Yor Mo ist nach einer alten tibetischen Legende der König aller Fische.

[30] Eine Klasse von lamaistischen Mönchen, Mönche aus der Schule Marpas.

[31] Die „Drei Machtvollkommenheiten" des Schneelöwen werden in der tibetischen Folklore nicht im einzelnen erklärt. Sie werden drei herausragende Eigenschaften gerade des Schneelöwen meinen.

[32] Der Schwarze Dharma ist Schwarzmagie; der Weiße Dharma, der Dharma Buddhas.

[33] Vināyaka (T.: Bi.Na.Ya. Ga.) ist der Name für eine Klasse von Dämonen, deren Oberhaupt dann denselben Namen erhält.

[34] Die sechs Arten an einen Guru zu denken sind: 1. mit Sehnsucht, 2. verehrend ein Lied singend, 3. fröhlich und glücklich, 4. sich der Lehren erinnernd, 5. kontemplativ, 6. meditativ.

DIE REISE NACH LASHI

„Ehrerbietung allen erleuchteten Meistern"

Einst hielt sich der große Meister des Yoga, Jetsun Milarepa, in der Einsiedelei des Juwelen-Tals auf. Er dachte bei sich: „Ich sollte jetzt den Anweisungen meines Guru folgen und meine weiteren Meditationsübungen in den Schneefeldern von Lashi (dem Mount Everest) machen." So begab er sich auf den Weg.

Milarepa näherte sich alsbald Nya Non Tsar Ma, dem Einfalls-Tor zum Lashi-Schneegebirge. Die Leute von Tsar Ma waren mitten in einem Trinkgelage. Während der Unterhaltung fragte plötzlich jemand: „Wißt Ihr eigentlich, daß jetzt, in unserer Zeit, ein großer Yogi namens Milarepa lebt? Stets hält er sich ganz alleine in den Schneebergen auf. Er sucht sich die verlassensten Plätze aus und er folgt einer asketischen Disziplin, die kein anderer Sterblicher als nur ein vollkommener Buddhist verwirklichen kann. Habt Ihr jemals etwas von ihm gehört?"

Während sie mit solcher und ähnlicher Rede Milarepa priesen, erreichte dieser das Tor. Ein hübsches Mädchen, das sich Lesebum nannte und mit reichem Schmuck geziert war, grüßte ihn fragend: „Wer seid Ihr, und wo kommt Ihr her?" „Liebe Wirtin", entgegnete Milarepa, „ich bin Milarepa, der Yogi, der in der Einsamkeit der

Berge wohnt. Ich komme als ein Bettler, um mich mit Nahrung zu versorgen." „Ich freue mich sehr, wenn Ihr von mir etwas annehmt", sagte das Mädchen, „aber seid Ihr wirklich Milarepa?" Milarepa antwortete: „Es gibt für mich keinen Grund, Dich anzulügen."

Das Mädchen war schnell überzeugt und zeigte ihre Freude, indem sie schnell ins Haus lief, um die frohe Nachricht zu verbreiten. Sie rief alle, die von Milarepa geschwärmt hatten und sprach: „Die ganze Zeit redet Ihr von jenem geschätzten Yogi, der Euch unerreichbar fern dünkte. Derselbe steht aber gerade jetzt vor unserer Tür!"

Sofort eilten alle zusammen zum Tor, einige um ihm ihre Ehrerbietung zu bezeugen, andere um ihn Verschiedenes zu fragen. Dann luden sie ihn zu ihrem Fest ein, zollten ihm Hochachtung und gaben ihm von den Nahrungsmitteln.

Die eigentliche Gastgeberin, ein reiches, junges Mädchen, das Shindormo hieß, erweiterte den Kreis der Gäste durch eine offizielle Einladung an den Yogi und sagte: „Verehrter Meister, darf ich fragen, wo Du demnächst hingehen wirst?" Milarepa antwortete: „Ich bin auf meinem Weg zum Lashi-Schneegebirge, um mich in der Meditation zu üben." Dazu sagte das Mädchen: „Wir hoffen, daß Du uns die Gunst gewährst, einige Zeit in Dreloon Joomoo zu verweilen und diesen Ort zu segnen. Wir werden Dich mit allen Nahrungsmitteln versorgen, die Du benötigst. Du brauchst Dich um nichts zu sorgen."

Unter den Gästen war ein Lehrer, Shaja Guna, der

Milarepa erklärte: „Wenn Du die Güte besitzt, hier in Dreloon Joomoo, dem Tal der Geister zu bleiben, könnte das Dir und uns eine Hilfe sein. Ich werde mein Bestes tun, Dir zu dienen." Ein Laienbruder, der die buddhistische Mönchsgemeinde eifrigst unterstützte, fügte hinzu: „Wie wunderbar könnte das sein, wenn der große Yogi mitten unter uns leben würde! Ich habe ein so schönes Rindergut, aber die Dämonen und Geister sind in der letzten Zeit so dreist geworden, daß sie tatsächlich auch am hellichten Tage erscheinen. Sie sind so boshaft, daß ich es nicht wage, mich an diesem Ort aufzuhalten. Ich bitte Euch inständig, seid so liebenswürdig und gnädig und besucht meinen Hof alsbald!"

Nach diesen Worten zeigten alle Gäste dem Milarepa ihre Ehrerbietung und baten ihn, zu dem Gut aufzubrechen. Milarepa entgegnete: „Ich werde sofort dorthin gehen, aber nicht wegen Eures Guts und Euren Rindern, sondern aus Gehorsam gegenüber meinem Guru."

„Das Versprechen zu gehen genügt uns völlig", erklärten sie und fügten hinzu: „Laßt uns die besten Speisen zubereiten und alles für die Abreise arrangieren!"

Milarepa erklärte daraufhin: „Ich habe die Einsamkeit liebgewonnen. Mein Zuhause ist die Einsiedelei, und ich benötige weder Begleitung noch außergewöhnliche Speisen. Aber trotzdem bitte ich Euch, nehmt meine Dankbarkeit dafür an, daß Ihr so aufmerksam ward, mir dieses Angebot zu machen. Ich möchte zuerst alleine zu dem Gut gehen, danach könnt Ihr kommen und sehen, was getan wurde."

Als nun Milarepa am Fuße des Berges ankam, erzeugten die Un-Menschen (die Dämonen) schreckliche Bilder (Fata-Morganas), um ihn durch diese Belästigungen von seinem Vorhaben abzuhalten. Der Pfad zum Berggipfel, der geradewegs in den Himmel zu führen schien, zitterte und bebte, zorniges Donnerrollen halte wieder, wilde Blitze durchzuckten die Atmosphäre und an beiden Talseiten wurden die Berge in ihrer Grundfeste erschüttert. Der Fluß verwandelte sich mit einem Mal in ein aufgepeitschtes Wildwasser, trat über sein Ufer und machte das Tal zu einem großen See, dem späteren Dämonen-See.

Milarepa richtete sich in seiner ganzen Größe auf und machte eine mystische Geste (mudrā). Dadurch wurde mit einem Schlag die Flut eingedämmt. Nun ging er zur Talsohle. Von beiden Seiten erschütterten die Dämonen die Berge und ein Hagelschauer dröhnender Felsen stürzte gleich schwerem Regen ins Tal. Aber nun schuf die hilfreiche Berggottheit für den Jetsun einen Pfad, der sich wie eine mächtige, lebendige Schlange an der Bergkette entlangwand. Dies entsetzte all die kleinen Dämonen und unterwarf sie dem magischen Willen Milarepas. Aber die größeren und mächtigeren wurden durch diesen Teilerfolg noch mehr erzürnt und versammelten sich am Ende des Schlangenwegs, um einen neuen Angriff zu beginnen. Milarepa konzentrierte erneut seine Bewußtseinskraft und machte eine andere mystische Geste, um auch sie zu unterwerfen: und tatsächlich verschwanden die schrecklichen Visionen, der Sieg gehörte ihm. Zurück blieb ein Fußabdruck, der noch heute den Felsen markiert, auf dem Milarepa gestanden hat [1].

In erhobener Stimmung setzte sich Milarepa nun auf den Gipfel des Berges und opferte den errungenen Sieg in einer Dank-Meditation (Samādhi des Danks [2]), die von einem unermeßlichen Mitgefühl mit allen dämonisch Gebundenen getragen war. Dadurch erlangte er hohe geistige Einsicht und erfreute sich großen spirituellen Wachstums. Der Berg, auf dem er saß, wurde später „Berg des Danks" genannt.

Nun kehrte Milarepa zum Fluß zurück, wo er den Yoga-Samādhi des Fließenden Stroms [3] ausübte.

Am zehnten Tag des Herbstmonds des Feuertiger-Jahres mußte Milarepa eine weitere dämonische Herausforderung überwinden. Bha Ro, ein nepalesischer Dämon, der eine große Dämonenarmee anführte, die Himmel und Erde des Flußtals bedeckte, näherte sich ihm. Die Dämonen verlagerten die Berge und schleuderten sie gegen den Jetsun, sie bedrängten ihn mit Donnergetöse und einem Hagel von Waffen. Schrill schreiend beschimpften sie ihn mit Drohungen: „Wir werden Dich töten! Wir werden Dich knebeln und in Stücke zerfetzen!" und dergleichen mehr. Auch erschienen sie ihm in scheußlichen und schreckenerregenden Gestalten, um ihn zu entsetzen.

Milarepa wurde sich des Zwecks der üblen Machenschaften der Dämonenarmee bewußt und sang darauf das Lied:

Die Wahrheit der Karma-Lehre

Ich nehme meine Zuflucht zu allen gnadenreichen Gurus,
ich entbiete Ihnen meine Huldigung.

Durch Luftspiegelungen und Imaginationen konntet Ihr
 diese phantastischen Schreckensvisionen schaffen, Ihr
 verderblichen Teufel und Teufelinnen.
Jedoch seid Ihr bedauernswerte Ah Tsa Ma-Dämonen [4]
und hungrige Geister —
Niemals könnt Ihr mir Schaden zufügen.
Weil das sündenreiche Karma Eurer Vergangenheit nun
 zur Reife gelangt ist [5],
darum habt Ihr in diesem Leben einen
dämonischen Körper erhalten.
Mit entartetem Gemüt und entstellten Körpern wandert
 Ihr nun ständig durch die Lufträume.

Getrieben von wilden Begierden und Leidenschaften
 (kleśa [6]), sind Eure Gemüter mit feindlichen und bos-
 haften Gedanken angefüllt.
Eure Taten, Gedanken und Worte sind bösartig und zer-
 störend.
Ihr wütet: ‚Tötet Ihn, köpft Ihn, zerschlagt Ihn, zer-
 schneidet Ihn!'
Aber ich bin ein Yogi, dessen Bewußtsein jenseits des
 Denkens weilt, frei und wissend, daß der Gedanken-
 welt keine Wirklichkeit zukommt [7].

Mein Gehen ist von der furchtlosen Tapferkeit eines
  Löwen;
Mein Handeln entspringt angstfreiem Mut;
Mein Körper ist mit dem Buddha-Körper verschmolzen;
Meine Worte sind die wahren Worte des Erleuchteten;
Mein Bewußtsein ist im Klaren Licht der Leere [8] aufgegangen.
Deutlich erkenne ich die Leere als Natur der Sechs Bereiche [9].
Ein Yogi gleich mir ignoriert die Beschimpfung hungriger
  Geister!

Wer die Gültigkeit des Gesetzes von Ursache und Wirkungen in seiner ganzen Tiefe erkannt hat
  und dennoch Handlungen begeht, die die Mitwesen
  schädigen, den werden die Kräfte des gereiften Karma [10]
  hinabziehen auf den unglücklichen Pfad des Leidens,
  der Gram.

Es wäre bekümmernd und jammervoll,
  solltet Ihr Geister und Dämonen
  diese Wahrheit nicht verstehen,
  die ich, der klarblickende Milarapa,
  Euch hier im Lied von der Wahrheit des Dharma
  predige.

Alle fühlenden Wesen, die ihr Leben durch Nahrungsaufnahme erhalten, sind meine Väter und sind meine
  Mütter!

Wenn wir nun diejenigen in Versuchung stürzen, denen
wir eigentlich zu Dank verpflichtet sind,
so handeln wir wahrlich sinnlos und närrisch!
Wäre es nicht eine freudvolle und segensreiche Tat,
wenn es Euch gelänge, Euren bösartigen Gedanken
Einhalt zu gebieten?
Wäre es nicht freudenbringend und segenspendend,
wenn Ihr noch heute den Entschluß faßtet,
Euch in den Zehn Tugenden[11] zu üben?
Erinnert Euch an diese Möglichkeit und erwägt ihre
Bedeutung.
Übt Euch in der Betrachtung und Verwirklichung
meiner Worte.

Die Dämonen aber verspotteten Milarepa: „Dein weitschweifiges Gerede soll uns nicht täuschen. Wir denken gar nicht daran, unsere Magie einzustellen und Dich freizulassen." Daraufhin vervielfältigten sie ihre übernatürlichen Waffen und verstärkten die Kraft ihrer Angriffe auf allen Seiten, um seine Unerschütterlichkeit und seinen Gleichmut ins Wanken zu bringen. Währenddessen erwog Milarepa eine neue Attacke: „Hört her Ihr Dämonen! Durch die Gnade meines Guru wurde aus mir ein Yogi, der die Höchste Wahrheit in ihrer ganzen Fülle verwirklicht hat. Mir dienen die Herausforderungen und Anfechtungen durch dämonische Kräfte zur Verherrlichung meines Yoga-Bewußtseins. Je größer diese Anfechtungen sind, um so größere Verdienste erwerbe ich (für Mitmenschen und

mich) auf dem Pfad der Buddhaschaft [12].
Hört nun aufmerksam auf meinen Gesang von den

Sieben Kostbarkeiten

In Verehrung und Würdigung von Marpa, dem Übersetzer,
singe ich, der die höchste Wesens-Essenz alles Seienden
erschaut hat,
das Lied von den Sieben Kostbarkeiten.

Ihr mißgünstigen Dämonen, die Ihr Euch hier versammelt
habt, spitzt Eure Ohren und hört meinem Gesang gut
zu.

Unterhalb des Sumeru-Gipfels [13], der zentralen Weltachse,
leuchtet der blaue Himmel über dem Südlichen Kontinent [14];
Das Firmament ist die Schönheit dieses Planeten,
der azurblaue Himmelsmantel ist seine Kostbarkeit.

Hoch über dem großen Sumeru-Weltbaum [15]
scheinen die leuchtenden Strahlen von Sonne und
Mond und erhellen mit ihren Lichtern die Vier Kontinente.
Durchdrungen von Liebe und Barmherzigkeit
handhabt Naga, der Herr der Gewässer [16],
seine wunderwirkende Kraft:
Wenn von dem mächtigen Himmel der Regen fällt,
so geschieht dies durch seinen Willen.
Dies ist eine Kostbarkeit der Erde.

Vom großen Weltmeer erheben sich die Wasserdämpfe,
sie steigen hinauf in den weiten Himmel,
sie ballen sich zu Wolken —
Das allgültige Gesetz von Ursache und Wirkung
regiert die verschiedenen Zustände der Elemente.

In den Sommermonaten erscheinen bunte Regenbogen;
Lieblich überspannen sie Berg und Tal.
Den Gebirgen und den Ebenen
ist der Regenbogen Schmuck und Kostbarkeit.

Gegen Westen, wo der Regen zur Erde fällt
und wo die Wasser zum Meere strömen,
dort gedeihen Wälder und Weiden.
Allen Geschöpfen des Festlandes
bedeuten diese Schmuck und Kostbarkeit.

Mich, den Yogi erfüllt nur ein Wunsch:
In der Stille und Einsamkeit zu weilen
und über die Leere (des Geistes) zu meditieren.
Ehrfurcht und Schrecken vor der Macht (und Tiefe)
meiner Sammlung hat Euch neidische Dämonen
herausgefordert,
Eure Magie zu entfalten.
Einem Yogi aber gelten dämonische Zaubereien
als Schmuck und Kostbarkeit.

Ihr Un-Menschen spitzt Eure Ohren
und hört mir genau zu!
Wißt Ihr, wer ich bin?

Ich bin der Yogi Milarepa;
Aus meinem Herzen blüht die Blume der
fleckenlosen Bewußtseinserleuchtung auf.
Mit klarer Stimme singe ich Euch dieses Gleichnis,
mit ernsten Worten predige ich Euch das Ideal der
Rechtschaffenheit,
mit gnadenerfülltem Herzen gebe ich Euch
Anregung und Rat.
Sobald sich in Euren Herzen
der Wunsch nach Erleuchtung regt [17],
könnt Ihr die Freude der Selbstüberwindung und der
befreienden Selbsterkenntnis gewinnen.
Selbst wenn Ihr Euren Mitwesen keine sichtbare Hilfe
leistet, so helft Ihr ihnen doch dadurch,
daß Ihr Euch der Zehn lasterhaften Untaten enthaltet [18].

Wenn Ihr meinen Ratschlägen und Lehren folgt,
werden sich Eure Fähigkeiten unvorstellbar vermehren;
Wenn Ihr jetzt damit beginnt, gemäß dem Heiligen
Dharma zu leben, wird das immerwährende Himmelreich in Eurem Innern aufbrechen.

Durch diesen Gesang wurden die meisten Dämonen umgestimmt. Sie entwickelten festen Glauben in die guten Absichten Milarepas, ja sie bezeugten ihre Ehrfurcht — und die üblen Zaubereien und Gaukeleien hörten auf. Sie sagten: „Du bist in der Tat ein Yogi mit außerordentlichen und wunderbaren Kräften. Ohne Deine Darlegung der Wahrheit und die Offenbarung Deiner wunderbaren, unerschütterlichen Geistesstärke wäre es uns nie gelungen, Dich zu verstehen. Wir werden Dich von nun an nicht mehr belästigen. Für die aufrüttelnde Predigt und Erkenntnis, daß nicht nur die Taten, sondern auch die Gefühle und die Gedanken dem Gesetz der karmischen Vergeltung unterworfen sind, danken wir Dir von ganzem Herzen. Wir wollen uns bemühen, in Zukunft negative Gefühle und aggressive Gedanken in kosmische Segenswünsche umzuwandeln. Aber wir sagen Dir in aller Offenheit, daß wir nur eine begrenzte Intelligenz besitzen, aber unbegrenzte Unwissenheit. Unser Denken und Fühlen ist in einem Netzwerk selbstgefälliger Gewohnheiten verstrickt. Deshalb bitten wir Dich, gib uns eine Lehre, die in ihrer Bedeutung tiefgründig ist, die erfolgreich angewandt werden kann, die einfach zu verstehen und leicht zu beachten ist."

Darauf sang Milarepa

Das Lied der Sieben Wahrheiten

Ich verbeuge mich vor Marpa, dem Übersetzer und bete:
Segne mich, auf daß in mir das Bewußtsein der Bodhi-
   Erkenntnis wachse und sich vertiefe.

Wie herrlich auch immer die Worte eines Liedes sein
   mögen, denen, die die Worte der Wahrheit nicht verstehen, bedeuten sie nichts weiter als inhaltsleere Töne.

Wenn ein Gleichnis nicht mit den Lehren des Buddha
übereinstimmt, ist alle Beredsamkeit
nur ein dröhnendes, nichtssagendes Echo.

Wenn man die Heilige Dharma-Lehre nicht in die Tat
umsetzt, ist das gelernte Zitieren der Lehrsätze
nur ein Mittel zu Selbstbetrug.

Wenn man in der Einsamkeit lebt
aber die Lehren der mündlichen Überlieferung nicht
übt, ist Einsamkeit nur Selbsteinkerkerung.

Wenn man einem Beruf nachgeht,
ohne ihn durch die Lehre Buddhas zu vergeistigen,
ist aller Broterwerb nur eine Form der Selbstbestrafung.

Wenn man eine als richtig erkannte Moral
im Umgang mit den Mitwesen nicht beachtet,
ist alles Beten nur egoistisches Wunschdenken.

Wenn man selbst nicht übt,
was man andern predigt,
ist alle Redekunst nur (nihilistische) Lüge.

Wer sich jedoch übler Handlungen
im Denken, Fühlen und auch Wirken enthält;
Wer den eignen Fehlern und Sünden den Krieg erklärt
und mit immer größerer Ausschließlichkeit Gutes
wirkt, der schafft sich Verdienste und Vorbedingungen (die zu Erleuchtung und Befreiung führen).

Bleibt in Einsamkeit und meditiert allein,
  denn Erleuchtung erlangt man nicht durch vieles Reden;
Folgt meinem Liede und übt Euch in der Verwirklichung
  der Heiligen Dharma-Lehre.

Durch dieses Lied wurden der Glaube und das Vertrauen in die guten Absichten Milarepas noch weiter gestärkt. Es hatte weiterhin zur Folge, daß die Dämonen ihm ihre Ehrerbietung erneut erwiesen und ihn mit großer Ehrfurcht vielmals umschwebten[19]. Daraufhin kehrten die meisten zu ihren Wohnungen zurück. Aber Bha Ro, der Dämonenführer und einige seiner Getreuesten wollten immer noch nicht aufgeben. Noch einmal projizierten sie ihre scheckliche Vision in das Bewußtsein Milarepas, er aber begegnete diesem Angriff mit dem Lied:

Von den guten und bösen Handlungen

Ich neige mich zu den Füßen des gnadenreichen Marpa.

Seid Ihr verderbenbringenden Dämonen immer noch in
  Zornesstimmung?
Es fällt Euch wohl leicht, durch die Lüfte zu schweben,
  aber es bereitet Euch Schwierigkeiten,
  Eure Gedanken neu zu lenken,
  die gewohnheitsmäßig auf Schädigung gerichtet sind,
  und sie in segensreiche Wünsche zu verwandeln.
Eure tödlichen Giftzähne tragt Ihr,
  um andere zu erschrecken,

aber seid versichert,
Eure Anfechtungen fallen letztlich auf Euch zurück.

Das Karma-Gesetz von Ursache und Wirkung wirkt zu
allen Zeiten und auf allen Daseinsebenen.
Kein Wesen vermag der Tatvergeltung zu entfliehen,
wenn die Zeit dafür gereift ist.
Alle Anfechtungen fallen zuletzt auf Euch zurück,
Ihr verwirrten, hungrigen und sündhaften Geister!
Ich kann für Euch nur Sorge und Mitleid empfinden.

Weil Ihr ohne Unterlaß sündigt,
deshalb ist Bosheit zu Eurer zweiten Natur geworden.
Gebunden seid Ihr durch die Karma-Werke des Tötens,
Fleisch und Blut gelten Euch als schmackhafte Speisen.
Weil Ihr anderen Wesen das Leben genommen habt,
deshalb werdet Ihr als hungrige Geister wiedergeboren.

Eure sündenreichen Taten ziehen Euch hinab
zu den Tiefen des höllischen Pfades.
Kehrt zurück, oh Freunde,
löst Euch aus den Verstrickungen dieses Karmas.
Sucht nach jenem Glück,
das jenseits von Furcht und Hoffnung wartet!

Die Dämonen aber spotten: „Du verkörperst einen gescheiten Prediger, der mit den Lehrsätzen durch und durch vertraut ist. Dies beeindruckt uns sehr, aber zu welcher Überzeugung bist Du selber durch Übung des Heiligen Dharma gelangt?"

Milarepa antwortete mit dem Gesang:

Von der vollkommenen Sicherheit
Ehrerbietung sei dem vollkommenen Marpa.

Ein Yogi bin ich, der die höchste Wahrheit kennt,
im Wurzelgrund des Ungeborenen (Śūnyatā) erlange
ich meine Sicherheit.
Auf dem nicht auslöschbaren Pfad vervollkommne ich
langsam meine Kräfte.
Nun singe ich Euch in tiefgründigen Symbolen und
Worten,
getragen von unbegrenztem Mitgefühl,
dies Lied vom absoluten Reich der Heiligen Dharma-
Essenz.

Durch Euer selbstverursachtes, sündenreiches Karma,
dem Ihr Eure tiefe Blindheit
und schier unüberwindbare Hindernisse verdankt,
seid Ihr unfähig, die Höchste Wahrheit voll zu verstehen.
Darum gebe ich Euch die helfende Wahrheit [20],
die zur Höchsten Erkenntnis hinführt.

In den alt-ehrwürdigen, unbefleckten Heiligen Sūtra-
Texten mahnen alle Buddhas der Vergangenheit
an die ewige Wahrheit des Karma-Gesetzes.
Sie erinnern uns daran,
daß jedes fühlende Wesen eines jeden Verwandter ist.

Dies ist ewige Wahrheit, die immer gültig bleibt;
Darum achtet genau auf meine Lehre
 vom unbegrenzten, all-einschließenden Mitgefühl.

Ich, ein Yogi,
 der sein Bewußtsein durch Übungen erweitert und
 entfaltet,
 weiß, daß äußere Hindernisse nur Schattentänze sind,
 und daß die trügerische Welt
 dem magischen Spiel des Ungeborenen Bewußtseins
 ihre Existenz verdankt.

Indem ich nach Innen in das Bewußtsein hineinblicke,
 erkenne ich die wahre Bewußtseinsnatur;
Substanzlose, innerliche Leerheit.
Wer gleich mir in der Einsamkeit meditiert,
 der erlangt die Gnade der Bruderschaft der Meister
 und Einsicht in die subtile Lehre des großen Nāropā [21].
Macht diese vom Buddha verwirklichte innere Wahrheit
 zum Gegenstand Eurer Meditation.
Durch die hilfreichen Belehrungen meines Meisters
 gelangte ich zur Entschlüsselung des geheimnisvollen
 Tantra.
Durch die Übung des Yoga des Aufblühens
 und des Yoga der vollkommenen Entfaltung [22]
 erwacht die Vitalkraft (der Kundalini)
 und man erlangt ein inneres Verständnis des menschlichen Kosmos.

Darum brauche ich die vorgespiegelten Hindernisse
der äußeren Welt nicht zu fürchten.

Der Großen Göttlichen Bruderschaft gehöre ich an —
Zahllos sind die Yogis (und die Mystiker),
die ihr angehören,
ihr suprakosmisches Bewußtsein transzendiert alle
Räume.

Wenn man sich in sein eigenes Bewußtsein versenkt,
um den Ursprung
der wechselnden Bewußtseinszustände zu ergründen,
dann werden die störenden Gedanken und Gefühle
von selbst
in den Bereich der absoluten Einheit des Dharmadhātu
eingeschmolzen [23].

Weder die Plagegeister, noch die von Ihnen geplagte Seele
können in diesem Zustand wahrgenommen (oder
empfunden) werden.
Das ergriffene Studium der Sūtras lehrt uns diese Erkenntnis.

Jetzt war der Sieg errungen — Anführer und Dämonheer vollzogen Milarepa gegenüber die Geste des Enthauptens [24], sie beugten ihre Häupter bis hinab zu den Füßen des von Mitleid gerührten Yogi und umschwebten ihn mehrmals. Schließlich versprachen sie, ihm Nahrungsmittel für einen ganzen Monat zu bringen und verschwanden gleich einem Regenbogen im Äther.

Am darauffolgenden Morgen, bei Sonnenaufgang kehrte Bha Ro zurück und brachte von der Mon-Gegend zahlreiche kostbar gekleidete Wesen mit, aber auch noch andere, buntgemischte Gefolgschaft. Sie trugen weingefüllte Kristallschalen sowie andere Schalen aus Messing, beladen mit den verschiedensten Gerichten einschließlich Reis und Fleisch. Dies alles reichten sie Milarepa und legten das Versprechen ab, ihm von nun an gehorsam und dienstbar zu sein. Dann verneigten sie sich vielmals und verschwanden. Unter ihnen befand sich der Jarbo Drem-Dämon, der zahlreiche Geistwesen anführt.

Durch diese Erfahrung erlangte Milarepa außerordentliche Einsichten und zahlreiche übernatürliche Kräfte (von Yoga-Siddhis). Einen vollen Monat verweilte er an demselben Ort, fröhlich, durchgeistigt und frei von des Hungers Qualen.

Eines Tages (nachdem jener Monat vorüber war) drängte sich ihm die Erinnerung an einen Ort im Lashi-Massiv auf, der wegen seines guten Wassers bekannt war, und er entschloß sich, diesen Ort aufzusuchen. Auf dem Weg dorthin berührte er eine Ebene, die mit blühenden Tamarisken übersät war. Aus der Mitte der Ebene wuchs ein mächtiger Felsen empor, über den ein weiteres Riff ragte. Auf diesem Felsen ließ Milarepa sich für eine Weile nieder. Da erschien ihm eine ganze Anzahl von Göttinnen, die sich vor ihm verbeugten und ihm begehrenswerte Opfergaben darreichten. Eine dieser Göttinnen hinterließ sogar zwei

Fußabdrücke im Felsenstein. Schließlich verschwanden sie alle gleich einem Regenbogen.

Während Milarepa nun weiter des Weges zog, versammelte sich eine Horde von Dämonen. Sie riefen auf der Straße die Vision riesiger weiblicher Geschlechtsteile hervor, um ihn zu schockieren. Aber der Jetsun sammelte sein Bewußtsein und enthüllte mit einer demonstrativen Geste sein eigenes, erigiertes männliches Geschlechtsorgan. Indem er so voranschritt, passierte er nacheinander neun verschiedene Yonis (weibliche Geschlechtsorgane) und erreichte schließlich einen Platz, in dessen Zentrum ein vaginaähnlicher Felsen stand — das Zentrum dieser Gegend. In diese Felsennische setzte er einen phallusähnlichen Stein und erwirkte durch diesen symbolischen Akt die Auflösung der von den Dämonen geschaffenen lüsternen Bilder. Später nannte man diesen Ort den Ladgu Lungu.

Als Milarepa den mittleren Teil dieser Ebene erreicht hatte, traf er den zurückgekehrten Bha Ro, der ihn dort begrüßte. Dieser bereitete dem Jetsun einen Sitz, damit er predigen könne. Er brachte Opfer dar und versicherte ihm seine Dienstbereitschaft, um ihn schließlich um weiteren Unterricht in der buddhistischen Lehre zu bitten.

Milarepa erteilte ihm leicht faßlichen Unterricht über die Karma-Lehre. Schließlich verschmolz der Dämon mit dem mächtigen Felsen, der sich vor Milarepas Sitz erhob.

Einen Monat verweilte Milarepa in freudiger Stimmung auf der Zentralebene, und dann reiste er weiter nach

Nya Non Tsar Ma. Er berichtete den dortigen Bewohnern, daß der berüchtigte Ruf der Ebene tatsächlich berechtigt gewesen sei. Aber er versicherte ihnen auch, daß sein Sieg über die ortsansässigen Dämonen diesen Platz so verwandelt habe, daß er sich nun für die Übung der Heiligen Dharma-Lehre eigne. Er sagte ihnen auch, daß er sobald als möglich hierher zurückkehren wolle, um seine Meditation fortzusetzen. Nach diesem Ereignis faßten die Leute von Nya Non tiefen Glauben an Milarepa.
    Dies ist die Geschichte der Reise nach Lashi.

ANMERKUNGEN

[1] Die Tibeter glauben, daß erleuchtete Wesen in der Lage sind, außergewöhnliche Phänomene hervorzubringen und Wunder zu wirken. Einen Fußabdruck (auch einen Händeabdruck) in festen Materialien wie Felsengestein zu hinterlassen, wurde als Beweis für die okkulten Fähigkeiten eines Yogis angesehen.

[2] „Samādhi des Danks" bezieht sich auf eine Ausweitung oder Vollendung von Liebe und Dankbarkeit, ein tiefes und reines Bewußtsein, in welchem die reinste Liebe dargebracht wird.

[3] Der „Yoga-Samādhi des Fließenden Stroms" (T.: Chu.Wo.rGyun. Gyi. rNal. hByor) erlaubt die Erfahrung der Identität des Yogi mit dem Fluß des Universums, obgleich dieser selbst nochmals transzendiert wird. Weder zieht sich der Yogi aus dem Kosmischen Strom, noch gibt er sich bewußt hinein. Er ist in ihm, ohne von ihm gebunden zu sein. Dieser Samādhi ist der dynamische oder aktive Aspekt des Mahāmudrā Yoga.

4 „Ah Tsa Ma-Dämonen": ein tibetischer Name für indische Dämonen.

5 Gereiftes Karma (Skt.: Vipāka Karma) ist die karmische Kraft, die in verschiedenen Leben und Lebensphasen zum Tragen kommt. Das Gesetz des reifenden Karma besagt, daß eine Tat in der Regel nicht nur eine Wirkung hervorbringt, sondern eine Vielzahl von Wirkungen zeitigt, die sich über mehrere Leben hin manifestieren können.

6 Kleśas sind all die Wünsche und Leidenschaften, die das Leid und den Streß des Lebens im Samsāra bewirken.

7 Ein ausgeglichener Mensch oder Yogi sollte sich von allen Gedanken und Vorstellungsmustern befreit haben, gleich ob diese einfach oder komplex, gut oder böse, monistisch oder dualistisch sind. Dann erst hat er die Weisheit der Nicht-Unterscheidung erlangt, die jenseits des Denkens liegt.

8 Der Bereich des „Klaren Lichts der Leere" ist der Bereich ursprünglicher Buddhaschaft. Das Wort „Licht" sollte nicht buchstäblich genommen werden, da dieser Bereich jenseits aller Beschreibbarkeit und Vergleichbarkeit liegt. Freie, universale Klarheit, ohne die kleinste Spur von Bindung wird durch diesen Begriff des „Lichts der Leere" angedeutet.

9 Die „Sechs Bereiche" (T.: Tsogs.Drug) sind die sechs Typen von Wahrnehmungsbewußtsein und Sinnesobjekten: Bewußtsein des Auges, des Ohres, der Nase, der Zunge, des Körpers und der Unterscheidung, verbunden mit den Sinnesobjekten: Farbe oder Form, Klang, Geruch, Geschmack, Tasten und Dharma.

10 vgl. Anm. 5

[11] Die „Zehn Tugenden" bestehen aus dem jeweiligen Gegensatz zu den „Zehn lasterhaften Untaten": Töten, Stehlen, Ehebruch, Betrug, Falschaussagen, Fluchen, Unsinn-sprechen, Feigheit, Ärger und Fehlansichten.

[12] Der „Pfad der Buddhaschaft" ist der Pfad, der zu Bodhi-Erleuchtung führt. Gemeint ist auch die Praxis der Bodhisattvas, wie diese im Mahāyāna-Buddhismus gelehrt wird. In ihrem Kern steht die Aufgabe, an der Verwirklichung der Erleuchtung aller fühlenden Wesen mitzuarbeiten und auf das eigene Verlöschen im Paranirvāna solange zu verzichten, bis alle fühlenden Wesen befreit sind.

[13] Sumeru ist das legendäre Zentrum des Universums. Ein Motiv, daß die Buddhisten von den Hindus entliehen haben. Manche moderne Gelehrte gehen davon aus, daß ein Platz im Himalaya gemeint ist.

[14] Der „Südliche Kontinent" bezeichnet nach buddhistischen Legenden die Erde, auf der wir leben.

[15] Der „Sumeru-Weltbaum" bezieht sich auf eine andere buddhistische Legende. In dieser heißt es, daß es einen Baum gibt, der vom Boden des Ozeans bis in den Himmel reicht. Dieser Baum bildet auch eine zentrale Weltachse.

[16] König Nāga ist der Drache, der über den Regen herrscht.

[17] Der „Wunsch nach Erleuchtung" zielt auf das Erlangen der Buddhaschaft. In der Regel wird mit diesem Ausdruck mehr gemeint, als ein bloßer Wunsch. Dieser Wunsch schließt auch den Eid ein, allen Wesen zu dienen und sie zu retten, indem man tugendhafte Taten vollbringt und spirituelle Praktiken verfolgt.

[18] Die „Zehn lasterhaften Untaten": siehe Anm. 11.

[19] Das Umschweben bezieht sich auf einen Akt der Verehrung, dem Buddha, dem Dharma oder dem Guru beziehungsweise einem verehrten Mönch gegenüber. Dieser Akt besteht in einem dreifachen Umkreisen der Person oder des Objekts der Verehrung im Uhrzeigersinn mit anschließendem Sichniederwerfen.

[20] „Helfende Wahrheit" (T.: Drañ.Don.) dient dazu, selbst diejenigen zur Höchsten Wahrheit zu führen, die vom Grad ihrer Bewußtseinsentwicklung her eigentlich nicht in der Lage wären, die Höchste Wahrheit zu verwirklichen. Sie arbeitet mit Gleichnissen, Legenden, Metaphern, in denen sich die Höchste Wahrheit in einer Form zu erkennen gibt, die auch bei gering ausgebildeten intellektuellen Fähigkeiten ausreicht, die Letztwirklichkeit zu erkennen.

[21] Nāropā war Marpas Lehrer.

[22] Der „Yoga des Aufblühens" und der „Yoga der vollkommenen Entfaltung" bezieht sich auf eine Lehre im Anuttara Tantra, wo von zwei Praktiken die Rede ist:
a) einer Praxis, die dazu dient, sich mit der Tantrischen Schöpfung zu identifizieren; „Yoga des Aufblühens" genannt;

b) einer Praxis, die dazu dient, sich mit der Höchsten Vollendung zu identifizieren, mit dem Großen Nirvāṇa; „Yoga der vollkommenen Entfaltung" genannt.

[23] „Dharmadhātu": die Absolute Universalität oder die Wahrheit der Totalität der Leere.

[24] Die Geste des Enthauptens ist die gewichtigste, bedeutenste Verehrungsgeste, die nach der Tantratradition von einem Dämon ausgeführt werden kann. Sie symbolisiert die völlige Hingabe seines Körpers und seiner Seele an denjenigen, demgegenüber diese Geste vollzogen wurde.

IN DEN SCHNEEFELDERN

„Gehorsam gelobe ich allen erleuchteten Meistern!"

Die Nachricht von Milarepas Sieg über die böswilligen Dämonen und Geister des Lashi-Gebietes verbreitete sich sehr schnell und trug dazu bei, daß sein Ruhm weiterhin anwuchs. Alle Bewohner des Dorfes Nya Non übernahmen seine Lehre und erwiesen ihm große, selbstlose Dienste und Verehrung und brachten auch Opfer an materiellen Gütern. Unter ihnen befand sich eine Frau, die Wurmo hieß, mit besonders tiefem Glauben. Sie bat um spirituelle Unterweisung über Dharma und drückte auch ihren Wunsch aus, daß der Ehrwürdige doch ihren kleinen Sohn, sobald er großjährig geworden sei, als Diener zu sich nehmen möge.

Die anderen Bewohner baten den Jetsun in Nya Non Tsar Ma zu verweilen und Milarepa nahm ihre Einladung an. Während seines Aufenthalts wurde er von Shindormo, seiner Schülerin und Gönnerin mit allem Nötigen versorgt. Aber schon nach kurzer Zeit bemächtigte sich seiner eine tiefgreifende Enttäuschung über das oberflächliche und weltliche Leben, das seine neuen Anhänger führten. Milarepa machte aus seiner Unzufriedenheit keinen Hehl und teilte den Dorfbewohnern mit, daß er zum Lashi-Schneegebirge zurückkehren wolle.

Die Dorfbewohner begannen darauf zu jammern: „Ehrwürdiger", riefen sie, „der geistige Fortschritt ist vorrangig vor allen anderen Engagements und Aktivitäten. Um unseres geistigen Fortschreitens willen bitten wir Dich, diesen Winter in unserem Dorf zu verbringen und uns zu unterrichten. Dämonen und Geister kannst Du zu jeder anderen Zeit später bekehren. Wenn Du bis zum Frühling bleibst, dann werden wir alles für Deine Weiterreise herrichten."

Am lebhaftesten argumentierten der ehrenwerte Priester Dunba Shajaguna[1] und Shindormo: „Der Winter steht vor der Tür und Du wirst im Schneegebirge unüberwindbaren Schwierigkeiten begegnen. Deshalb tust Du gut daran, Deine Reise auf einen späteren Zeitpunkt zu verschieben."

Aber Milarepa lies sich weder durch Bitten, noch durch Flehen und auch nicht durch Warnungen umstimmen, sondern zeigte sich entschlossen wegzugehen: „Ich bin ein Sproß von der Meisterline des Nāropā", sprach er, „wie könnte ich mich von tosenden Stürmen oder von anderen ungebändigten Naturkräften einschüchtern lassen! Es wäre für mich eine Schande, wollte ich in einem Dorfe bleibende Zuflucht suchen. Ehrlich gesagt bereitet mir jeder längere Aufenthalt in einem Dorf schier tödlichen Verdruß, und einen nur mit Mühe zu beherrschenden Ekel bekomme ich beim Anblick der materiellen, weltlichen Gesinnung der Bewohner. Darüberhinaus erhielt ich von meinem Meister, dem Guru Marpa, den Auftrag, alle weltlichen Zerstreuungen zu meiden und in selbsterwählter Einsamkeit für die Erleuchtung und Erlösung aller fühlenden Wesen tätig zu sein (durch hingebungsvolle Meditation und segnendes Beten)."

Als sich nun die Dörfler der Entschlossenheit des Milarepa bewußt wurden, beeilten sie sich, ihn mit Lebensmitteln zu versorgen. Milarepa seinerseits gab ihnen das Versprechen, daß er bereit sein, alle diejenigen tiefer in die Lehre des Heiligen Dharma und der richtigen Lebensgesinnung einzuführen, die während des Winters zu ihm in die Berge kommen wollten. Dunba Shajaguna, Shindormo und vier weitere Mönche und Laien beluden sich mit den Nahrungsmitteln und besorgten noch ein stärkendes Getränk für den Abschied.

Nachdem sie den Paß überschritten und das Hochplateau mit dem Teufelsteich erreicht hatten, übergaben sie dem Milarepa das Mehl, den Reis sowie etwas frische Butter und auch Fleisch. Er verabschiedete sich und trat in die nahegelegene Höhle, die unter dem Namen „Grotte der Dämonenbekehrung" bekannt war. Während er sich hier häuslich einrichtete, traten seine Begleiter den Rückweg an. Als sie die Passhöhe zum zweiten Mal erreicht hatten, ergraute der Himmel unter der Last machtvoll heranziehender Eiswolken und von der Talseite her brach ein Schneesturm aus. Die aufgewirbelten Schneeflocken nahmen ihnen nahezu alle Sicht und es bedurfte des Einsatzes ihrer ganzen Kräfte, um sich durch Eis, Schnee und Sturm einen Weg zu bahnen. Die Nacht war längst angebrochen, als sie müde und erschöpft in dem schlafenden Dorf ankamen.

Von jenem Abend an schneite es im Gebiet des Lashi ununterbrochen achtzehn Tage und Nächte lang. Sämtliche Verbindungen zwischen Nya Non und Drin wurden dadurch für sechs Monate blockiert und Milarepas Anhänger und Schüler waren überzeugt davon, daß ihr Guru den Sturm nicht überlebt habe. So hielten sie eine zeremonielle Begräbnisfeier.

Im Frühling beschlossen dann einige Getreue, den Leichnam zu suchen. Insgeheim trugen sie sich mit der Hoffnung, wenigstens einige Reliquien zu finden, die geeignet wären, in ihnen die Erinnerung an Lehre und geistiges Vermächtnis des Heiligen lebendig zu erhalten. Mit eisbrechenden Äxten und anderem schweren Werkzeug machten sie sich auf den beschwerlichen Weg. Obwohl die Entfernung bis zur Höhle nicht sonderlich weit war, mußten sie doch zahlreiche Ruhepausen einlegen. Während der letzten Rast entdeckten sie zu ihrem Schrecken einen herumstreifenden Schneelöwen. Sie beobachteten, wie er einen großen Felsen bestieg und sich dort in aller Ruhe ausstreckte und zu gähnen begann. Dann lies er seinen stolzen Blick über das Eismeer schweifen, um endlich mit einem markerschütternden Brüllen spurlos zu verschwinden.

Die erschrockenen Dorfbewohner sprachen zu einander: „Jener sattgefressene und zufriedene Schneelöwe wird wohl den entseelten Körper des Ehrwürdigen verschlungen haben. Bleibt die Frage, ob er uns wenigstens einen Fetzen seines Gewandes oder vielleicht etwas von seinem

Haupthaar übriggelassen hat. Hoffentlich werden wir wenigstens davon noch etwas finden." Von solchen und ähnlichen Gedanken bedrängt wurde ihr Gemüt in bitterem Kummer niedergedrückt, bis sie voll Verwunderung entdeckten, daß sich neben der Fährte des Schneelöwen die Fußspur eines Menschen abzeichnete. Auch den Schneelöwen sahen sie weiter unten wieder, aber sie stutzten nicht wenig, als sich dieser unter ihren Blicken in einen Leoparden und dann in einen Tiger verwandelte. Während sie einen serpentinenartigen Weg abwärts stiegen, waren sie sehr nachdenklich und raunten sich zu: „War das ein Gott oder ein Geist?" In schwer zu beherrschendem innerem Aufruhr näherten sie sich der „Grotte der Dämonenbekehrung". Mit einem Male vernahmen sie dort die singende Stimme ihres Guru.

„Wie", dachten sie bei sich, „sollte der Ehrwürdige diesen schrecklichen Winter, entgegen unserer gemeinsamen Überzeugung, überlebt haben? Oder hat er sich von den Aasresten erfrorener Tiere am Leben erhalten?"

Mit solchen Gedanken standen sie vor der Höhle, bis Milarepa sie mit einigen schelmischen Spottversen anredete: „Ihr Zauderer, Ihr Mühseligen und Beladenen, habt Ihr den Paß nicht schon vor Stunden überschritten? Was hat Euch denn so sehr aus der Fassung gebracht, daß Ihr für dieses letzte kurze Wegstück soviel Zeit benötigt habt? Schon als ich Euch auf dem Paß auftauchen sah, habe ich ein feines Essen bereitet, das aber inzwischen wieder kalt geworden ist. Ziert Euch also nicht länger und

kommt geschwind herein!"
Mit diesen Worten brach Milarepa den Bann der Traurigkeit und der Löwenangst. Die aufsteigende Freude war überwältigend und von Tränen des Wiedersehens begleitet. In dieser kindlichen Verfassung stürmten sie von allen Seiten auf den Ehrwürdigen los, um ihn an Händen und Füßen zu berühren, als könnten sie es nicht fassen, daß er es auch wirklich sei. Der Jetsun aber bat sie, ihre Gefühle zu beherrschen: „Laßt es gut sein damit und erfreut Euch an der Speise." Da erst erlangten sie ihre Selbstbeherrschung zurück, verneigten sich würdevoll und fragten nach seinem allgemeinen Befinden. Mit einer schweigenden Geste gab er ihnen zu verstehen, sich doch in der Höhle umzuschauen, und da bemerkten sie zu ihrem Erstaunen, daß Milarepa von den großzügigen Nahrungsspenden vom vergangenen Spätherbst kaum ein Maß Mehl verbraucht hatte. Das zubereitete Essen ansehend, rief Dunba Shajaguna aus: „In der Tat, für uns ist Essenszeit! Aber wie konntest Du wissen, daß wir kommen?" Milarepa erklärte: „Als ich auf dem großen Felsen saß, durchstreifte mein Blick das ganze Schneegebiet und ich bemerkte Euren Rastplatz an der Talseite des Passes."
„Wir haben Dich nicht gesehen", antwortete Dunba Shanjaguna, „wohl aber einen Schneelöwen oder Leoparden, der auf jenem Felsen saß. Wann warst Du denn an diesem Platz?" „Eben jener Schneelöwe war ich", verblüffte Milarepa den Fragenden. „Ein Yogi, der Prāna[2] völlig gemeistert hat, beherrscht mit dem Licht seines geläuterten

Bewußtseins die Vier Elemente[3]. Er kann sich selbst in jede beliebige körperliche Form verwandeln. Ich habe Euch meine geheime Kraft geoffenbart, übernormale Taten zu vollbringen, weil Ihr alle begabte und fortgeschrittene Schüler seid[4]. Sprecht jedoch mit niemandem über diese Dinge[5]."

Shindormo bemerkte daraufhin: „Ehrwürdiger, Deine ganze Gestalt scheint jetzt noch blühendere Gesundheit auszustrahlen als im vergangenen Herbst. Wie ist dies möglich? Der Pfad zu beiden Seiten des Gebirges war doch vom Schnee vollständig blockiert, und es war menschenunmöglich dort durchzukommen und Euch mit Nahrung zu versorgen. Haben Dich gutgesinnte Gottheiten versorgt, oder hast Du die Aasreste wilder Tiere gefunden. Erkläre uns dies Geheimnis!"

Milarepa antwortete: „Die meiste Zeit verbrachte ich in Samādhi und so bedurfte ich keiner Nahrung[6]. An besonderen Festtagen jedoch kamen Dākinīs[7] in großer Zahl und teilten mit mir jene Opfergaben, welche die Menschen ihnen während der religiösen Feiern dargebracht hatten. Gelegentlich bestand meine Mahlzeit aus einer Löffelspitze Mehl, wie z.B. gestern. Am Ende des Pferdemonats hatte ich dann einmal eine Vision, in der ich mich von Euch, meinen Schülern, umgeben sah, und diese Vision war mit einem so mächtigen, wenn auch unerklärlichem Gefühl der Sättigung und des Gestärktwerdens verbunden, daß ich noch viele Tage danach keinen Hunger empfand. Was habt Ihr denn nur am Ende des Pferdemonats mit Bezug auf mich getan?"

Die Schüler rechneten die Zeit nach und fanden heraus, daß sie zu ebenderselben Zeit zu seinem Gedenken ein kultisches Opfermahl abgehalten hatten und auch verschiedenste Opfergaben dargebracht worden waren. Milarepa erläuterte dazu: „Wenn weltlich gesinnte Menschen Opfergaben schenken, trägt das sicher zu ihrem Bardozustand bei [8]. Aber demjenigen gebührt das größere Lob, der sich im Bardo des Hier-und-Jetzt [9] befindet!"

Die Schüler baten Milarepa sehr eindringlich darum, nun mit ihnen nach Nya Non herabzusteigen, doch wollte der Ehrwürdige ihrer Einladung nicht folgen. „Ich erfreue mich des Aufenthalts hier mehr denn je; auch möchte ich den von mir erlangten Samādhi-Zustand weiter pflegen und vertiefen. Deshalb kann ich nicht mit Euch kommen. Ihr jedoch möget in Frieden zurückkehren!" Da entgegneten die Schüler: „Wenn der ehrwürdige Jetsun sich weigert, mit uns herabzukommen, dann werden uns die Bewohner von Nya Non vorwerfen, wir hätten Dich dem sicheren Tode überlassen. Schimpf und Schande wäre die Folge für uns." Und Wurmo rief bekräftigend: „Wenn Du nicht mitkommst, dann werden wir Dich entweder hinuntertragen, oder, falls uns dies nicht glückt, dann wollen wir hier sitzen bleiben, bis uns der Tod ereilt!" Diesem Drängen seiner Schüler konnte sich Milarepa nicht entziehen. Schweren Herzens gab er nach und versprach mit ihnen herabzusteigen.

Die Schüler sprachen dann zu ihm: „Die Dākinīs haben Dich wohl kaum nötig, aber die Jünger Deiner Tradition

brauchen Dich um so mehr. Erlaube uns, den Dākinīs zu zeigen, daß wir ohne Schneeschuhe die Schneefelder überwinden können." (Doch Milarepa erlaubte dies nicht).
Am nächsten Morgen verließen alle die Höhle und brachen nach Nya Non auf. Shindormo lief voraus, um den Dorfbewohnern die freudige Nachricht von Milarepas ungebrochener Gesundheit und seiner baldigen Ankunft zu überbringen. Nachdem die Gruppe um Milarepa nicht mehr weit vom Dorf entfernt war, gelangte sie zu einem riesigen, flachen Felsen, der wie eine Plattform aussah und den Bauern zum Dreschen des Getreides diente. Hier traf sie mit den von Shindormo benachrichtigten Dörflern zusammen, die sehr ungeduldig waren, den für Tod Erklärten bei lebendigem Leib zu sehen. Das war ein Verwundern, ein Anstarren, ein ungläubiges Köpfeschütteln, ein Schreien und ein Umarmen, von tausend Fragen, Begrüssungen, Vereinigungen und ehrfürchtigen Blicken begleitet. Gelassen auf ein Bambusrohr gestützt, so daß das Kinn auf den Händen ruhte, die Schneeschuhe noch an den Füßen, stimmte Milarepa das folgende Lied an:

        Von meinem Wohlergehen

Da wir alle,
  Ihr Gönner und Gönnerinnen und ich, Milarepa,
  da wir uns hier unter dem gesegneten Himmelszelt
  (erdnahen Glücks) wieder begegnet sind,
  einmal noch, bevor unser irdisches Leben vorbei sein wird:

Da singe ich Euch das Lied meines Wohlergehens,
spitzt denn Eure Ohren
und schenkt den Antworten auf Eure Fragen Eure volle
Aufmerksamkeit.

Am Ende des Tiger-Jahres,
vor dem Neujahrsfest des Hasen-Jahres,
am sechsten Tage des Wa Jal-Monats,
entstieg meinem Innern ein mächtiges Gefühl der
Entsagung.
Und ich begab mich in die Wildnis des Lashi-
Schneegebirges.

Hier fand ich, der Ungebundene, die ersehnte Einsamkeit.
Da schien es, als wollten sich Himmel und Erde
miteinander verschwören:
Ein grauenerweckender Eiswind wurde von ihnen entsandt,
die Elemente aufzupeitschen.
Wild sprangen die Wasser der Flüsse auf,
die Sturzbäche brausten.
Allseits türmten sich finstere Wolken vor meiner Höhle
auf und ließen die Strahlenquellen von Sonne und Mond
nicht durch.
Der Erdumlauf durch die 28 Häuser des Mondes [10] wurde
angehalten, die Milchstraße wurde unsichtbar
und die acht Planeten [11] in eiserne Ketten gelegt.
Die funkelnden Sterne des Firmaments
wurden von Schwaden dichten Dunstes verhüllt.
Durch diese Nebel hindurch fiel Schnee,

unentwegt, achtzehn Tage und Nächte lang.
Manchmal fielen die Flocken dick wie Wollflausch —
wie gleitende Vögel fielen sie hernieder.
Manchmal stürzten sie rotierend herab gleich Spinnrädern,
dann wieder schien die Luft von Schwärmen summender
Bienen erfüllt.
Manchmal schossen sie geradewegs aus dem Himmel,
dann wieder drehten sie sich wie Körner um ihre eigene
Achse, und auch wie dichte Baumwollbäusche waren sie.

Große Flocken und kleine, Eis- und Schmelzflocken
wuchsen Schicht um Schicht,
kein Maßstab hätte sie messen können.
Des Schneebergs weiße Kuppe berührte schon den Himmel,
die Bäume der Wälder wurden ächzend zu Boden
gedrückt, und die schwarzen Bergzacken erhielten ein
weißes Gewand, die Seen froren zu.
Die Bäche rauschten unter Eisdecken zu Tal,
die Welt wurde zu einer flachen, weißen Ebene,
Hügel und Täler waren vom Schnee eingeebnet.
Weder Räuber noch andere Übeltäter
wagten sich zu jener Zeit aus ihren Unterschlüpfen
heraus, die wilden Tiere und auch die Haustiere litten
an Hunger und Kälte.
In den menschenverlassenen Bergen
wurden die Vögel vom Nahrungsmangel gepeinigt.
Verlassen und erbarmungslos geschwächt
saßen sie in den nebelverhängten Zweigen.

Die Ratten und Mäuse hielten sich versteckt
   in ihren unterirdischen Gängen.
Von solch unbeschreiblicher Not umgeben
   verharrte ich in der menschenleeren Einsamkeit.
Den Schneesturm nahm ich an:
   eine Herausforderung der Natur an mich,
   den baumwollgekleideten Yogi.
Solange kämpfte ich,
   bis sich alles (durch das Entfachen psychischer Wärme)
   in einen einzigen Nieselregen verwandelte.
Dann bezwang ich die rasenden Gebieter der Lüfte
   und unterwarf sie dem (von mir ausströmenden)
   Frieden, (mit Energien), daß mein Baumwollgewand
   alsbald einem brennenden Feuer glich [12].

Es war dies ein Kampf um Leben und Tod,
   wie wenn Riesen ringen und Säbel klirren,
   der Sieg jedoch gehörte mir, dem vollendeten Yogi.
So setzte ich ein Beispiel allen Edelgesinnten,
   ein Ideal den Yogis aller kommenden Zeiten.

In diesem Überlebenskampf
bewies ich meine Herrschaft über die Lebensenergie [13]
und die Beiden Kanäle [14].
Ich vermied die Vier Krankheiten, [15]
   die durch unausgewogene Meditationsübung entstehen
   können.

Unermüdlich hielt ich an den nach Innen gerichteten
  Übungen fest, und so wurden mir die kalten und warmen
  Prâna-Ströme zur lebenerhaltenden Essenz.
Dadurch wurden die Naturgewalten schließlich besänftigt,
  der Sturm verlor seine Macht und wurde überwunden;
Nicht einmal die Armeen der Devas konnten sich mit mir
  messen, denn ich, der Yogi, schlug die Schlacht.
Als treuer Sohn des Dharma trage ich ein Tigerfell,
  die Haut des Fuchses habe ich nie benutzt.
Als Sohn eines Giganten
  bin ich vor dem Schreckenerregenden nie davongerannt.
Als Sohn eines Löwen, des Königs der Tiere,
  habe ich von jeher in den Schneegebirgen gelebt.
Aus dem Leben eine Last zu machen,
  dünkt mir ein närrisches Spiel.

Wenn Ihr Vertrauen habt zu diesem alten Mann,
  als der ich erscheine, so lauscht seinen Vorhersagen:
Die Lehren der Übenden Nachfolge [16]
  werden wachsen und sich weit verbreiten.
Einige vollendete Wesen werden dann auf Erden
  erscheinen.
Der Ruhm Milarepas wird sich über die ganze Welt
  verbreiten.
Ihr, meine Schüler, werdet im Gedächtnis der Menschheit
  besonders geachtet werden (als Boten der Lehre);
Lob und Verehrung wird uns von kommenden Geschlech-
  tern zuteil.

Um Euch auf Eure Sorgen
  in bezug auf meine Gesundheit zu antworten, so seid
versichert:
Mir, dem Yogi Milarepa, geht es ausgezeichnet.
Aber wie geht es Euch, meine lieben Gönner?
Seid Ihr alle wohlversorgt und glücklich?

Das frohgemute Lied des Jetsun inspirierte und ermunterte die Dorfbewohner in einem Maß, daß sie anfingen zu singen und zu tanzen, und Milarepa, der selbst in heiterer Stimmung war, nahm daran teil. In der großen Steinplattform, auf der getanzt worden war, fand man später die Hand- und Fußspuren des Milarepa eingraviert. Der Mittelteil der Plattform sank etwas ein und bildete ein kleines Becken, das man über unregelmäßige Stufen erreichen konnte. Von dieser Zeit an hieß das Steinplateau nicht mehr „Weißer Stufenfelsen", sondern „Schneeschuhfelsen".

Die Dorfbewohner begleiteten dann Milarepa zu ihrem Dorf Nya Non Tsar Ma und ehrten ihn durch ihre Dienste und Gaben. Da fragte die Gönnerin Lesebum: „Ehrwürdiger, nichts konnte uns größere Freude bereiten, als die Gewißheit, Dich lebend zu finden und in der Sicherheit unseres Dorfes. Dein Aussehen ist strahlender denn je zuvor, voll von Kraft und Geistigkeit. Verdankst Du dies den Gabenspenden von Gottheiten, die Dich in der Einsamkeit bedienten?"

Darauf sang Milarepa folgende Antwort:

Von der Erleuchtung

Ich neige mein Haupt zu Füßen meines Meisters, Guru
Marpa!
Die Fähigkeit Segen zu spenden,
 habe ich von den Dākinīs erhalten;
Der Nektar des Samaya [17] verleiht Nahrung im Überfluß;
Durch gläubige Hingabe werden die Sinnesorgane ernährt.
Auf solche Weise stärken die Schüler des Erleuchtungspfads
 ihre Tugenden.

Das Bewußtsein des Augenblicks ist ohne Inhalt,
 es ist leer,
 von geringerer Substanz als das kleinste Atom.
Wenn der Betrachtende und das Betrachtete beide aufgelöst
 sind, dann ist die Schau wahrhaft verwirklicht.

Was die Praxis anbelangt —
 im Strom der Erleuchtung
 gibt es keine Stufen.
Unbegrenzte Ausdauer, das Die-Übung-Sein, tritt ein,
 wenn der Handelnde und sein Handeln beide
 aufgehoben sind.

Während der Erleuchtung,
 wenn Subjekt und Objekt nicht mehr zu unterscheiden
 sind, da gibt es keine Ursachen mehr,
 weil alles Leere geworden ist.
Wenn der Handelnde und sein Handeln verschwinden,
 dann werden alle Handlungen spontan vollkommen
 sein.

Die begrenzenden Gedanken lösen sich in Dharmadhātu [18] auf, (dem Reich der ewigen Wahrheit)
und die Acht Weltlichen Winde.
bringen weder Hoffnung noch Furcht.
Wenn Vorschriften und der sie beachtende verschwinden,
dann widmet man sich ungehindert der Übung.

Durch das Wissen,
daß das Selbstbewußtsein mit Dharmakāya identisch ist [19] — dem absoluten Körper des Buddha,
durch ernsthaften, anderen Wesen wohlgesinnten Entschluß, verschwinden die Vorstellungen von Tat und Täter.
Dadurch triumphiert der glorreiche Dharma.

Dies ist der frohe Gesang, den der alte Mann singt,
als Antwort auf die Frage seiner Schülerin!

Der gefallene Schnee umgab das Haus der Meditation [20],
da brachten mir Gottheiten Nahrung
und die Dinge des Lebensunterhalts,
das Wasser des Schneeberges war mir ein köstliches Getränk.
Alles ging ohne Anstrengung,
man muß den Acker nicht bestellen,
wenn man keiner Nahrung bedarf.
Mein Vorratsraum ist voll,
ohne daß ich mich um das Einsammeln bemühe.

Im Wahrnehmen des eigenen Bewußtseins sieht man alle
Dinge, indem man an einem niedrigen Platz sitzt,
wird der Königsthron erreicht.
Vollendung wird durch die Gnade des Guru erlangt.
Alle Förderungen kann man durch Dharmaübung zurückbezahlen.
Schüler und Gönner,
die Ihr hier versammelt seid,
dient gläubig
und seid zufrieden, alle miteinander, und glücklich.

Als Milarepa so gesprochen hatte, verneigte sich Dunbar Shajaguna und sagte: „Es ist wirklich wundervoll und stärkt unser Vertrauen in Dich, zu wissen, daß dieser mächtige Schneefall Dir nicht schaden konnte. Welch eine unaussprechliche Freude, daß wir unseren totgeglaubten Guru wieder unter uns haben. Belehre uns mit den Erkenntnissen, die Dir während der meditativen Erfahrungen dieses Winters bewußt geworden sind."

Milarepa beantwortete Shajagunas Bitte um ein Begrüßungsgeschenk an die Schüler in Nya Non mit dem Gesang:

Die Sechs Grundzüge der meditativen Erfahrung

Verneigung vor dem Guru, der die Drei Vollendungen [21]
erreicht hat.

Ich, Milarepa, ein Freund der Einsamkeit,

will Euch heute Abend berichten,
welche Erfahrungen ich gemacht habe,
in der Meditation dieses Winters.
Durch die Einhaltung Eurer reinen Gelübde
wurde diese Versammlung möglich;
Meister und Schüler sind durch die reine Dharmavorschrift
miteinander verbunden.
So will ich, als Vater,
meinen geistigen Kindern ein weiteres Ankunftsgeschenk machen.

Des Lebens in der Welt überdrüssig geworden,
verließ ich es
und kam ins Lashi-Schneegebirge,
um allein die „Grotte der Dämonenbekehrung" in Besitz
zu nehmen.
Sechs volle Monate wuchsen die Erfahrungen der
Meditation, die ich jetzt im „Lied von den sechs Grundzügen" zusammenfasse.

Erstens beschreibe ich im sechsfachen Gleichnis
die sinnlich wahrnehmbaren äußeren Erscheinungen;
Zweitens die sechs inneren Fehlhaltungen;
Drittens die sechs Fesseln, welche uns an Samsāra binden;
Viertens die sechs Wege, durch welche Befreiung erwirkt
wird;
Fünftens die sechs Kernsätze unbegrenzter Erkenntnis;
Sechstens die sechs segensreichen Erfahrungen der
Meditation.

Wer dieses Lied seinem Bewußtsein nicht einprägt,
auf dessen Geist hinterläßt es keinen Eindruck,
deshalb hört aufmerksam zu.
Wo sich Hindernisse entgegenstellen,
  da kann man nicht vom Raum sprechen.
Wo man Zahlen angeben kann,
  da kann man nicht von Sternen sprechen.
Wo Bewegung und Erschütterung vorherrscht,
  da kann man nicht von Bergen sprechen.
Was wächst oder schrumpft,
  kann nicht der Ozean sein.
Den kann man nicht „Schwimmer" nennen,
  der eine Brücke braucht.
Farben, die man berühren kann,
  sind kein Regenbogen.
Dies ist das sechsfache Gleichnis
  von den sinnlich wahrnehmbaren äußeren Erscheinungen.

Die Grenzen, die durch Definitionen gezogen werden,
  begrenzen unsere Einsichtsmöglichkeit.
Zerstreuung und Benommenheit
  sind nicht meditative Sammlung.
Annahme und Zurückweisung
  sind nicht Akte des Willens.
Ein andauernder Fluß von Gedanken,
  das ist nicht Yoga.
Wo es Ost und West gibt [22],

gibt es keine Weisheit.
Wo Geburt und Tod wahrgenommen werden,
da herrscht nicht die Buddhanatur
Dies sind die sechs inneren Fehlhaltungen.

Durch Haß schafft man sich eine Höllenwelt;
Durch Geiz sinkt man in die Welt der hungrigen Geister;
Durch Unwissenheit sinkt man in die Welt der Tiere.
Durch Leidenschaft werden Menschen gebunden,
  durch Eifersucht die Asuras [23]
  und durch Stolz die Götter im Himmel.
Diese sechs Fesseln sind Hindernisse für die Befreiung.

Großer Glaube;
Vertrauen in einen weisen Guru;
Befolgung eines reinen Gelübdes;
Alleine in der Einsamkeit leben;
Entschlossene, ausdauernde Übung
  und Meditation —
Dies sind die sechs Wege, die zur Befreiung führen.

Die aller Kreatur im Uranfang eingeborene Weisheit [24]
  das ist die Sphäre unbegrenzter, sündloser Reinheit.
Die Verschmelzung des Außen mit dem Innen,
  das ist die Sphäre des unbegrenzten Bewußtseins.
Die Verschmelzung von Licht und Finsternis,
  das ist die Sphäre unbegrenzter, weiser Einsicht.
Allgegenwärtig, allumfassend, alldurchdringend
  ist die Sphäre des Dharma.

Ohne Wandel oder Übergang
   ist die Sphäre des Tig Le [25].
Ohne zeitliche und räumliche Unterbrechung
   ist die Sphäre der meditativen Erfahrung [26].
Dies sind die sechs unerschütterlichen Wesensbereiche.

Glücksempfindung entsteht,
   wenn die innere Glut entfacht wird,
   wenn die Luft aus den Nādīs in den Zentralkanal
   einströmt,
   wenn der Bodhi-Geist [27] von oben herabströmt,
   wenn er im Unterleib gereinigt aufsteigt,
   wenn sich das Weiße (Geist) und das Rote (Körper)
   einen,
   wenn Leib, Seele und Bewußtsein von Heiligkeit durchdrungen sind.
Dies sind die sechs segensreichen Erfahrungen des Yoga.

Um Euch zu erfreuen und zu erbauen, sang ich dieses Lied,
   das „Lied von den sechs Grundzügen".
Dies ist der Gesang einer Seele, die sechs Monate lang
   meditiert hat.
Ihr, meine Schüler, veranstaltet nun ein Fest,
   für alle Versammelten.
Möge die ganze fröhliche Versammlung
   den Nektar meines Liedes schlürfen.
Mögen alle heiter und glücklich sein,
   mögen sich Eure reinen und edlen Wünsche erfüllen.

Mit diesem seltsam klingenden Lied
habe ich Euren Wunsch erfüllt.
Es sei denen ein Kleinod,
die die Bedeutung eines spirituellen Lebens erkannt
haben.
Verachtet es nicht, diese Gabe des Dharma,
kämpft mit frohem Herzen,
geht vorwärts auf dem Pfad der gesegneten Lehre.

Als Milarepa geendet hatte, rief Shindormo aus: „Jetsun, höchster Erhabener. Du gleichst einem Buddha der Vergangenheit, der Gegenwart und der Zukunft. Wir schätzen es als seltene, auserlesene Gelegenheit, Dir zu dienen, und es ist ein Privileg, von Dir zu lernen. Wer in Dich kein Vertrauen legen kann, der dünkt mir törichter als ein Tier."

Milarepa entgegnete: „Es mag für die Menschen nicht so wichtig sein, an mich zu glauben oder auf mich zu vertrauen. Weder diese noch die entgegengesetzte Haltung (der Ablehnung) kümmert mich. Aber wenn man in einem kostbaren menschlichen Körper geboren ist und in einem Land wohnt, das Zugang zur buddhistischen Lehre hat und dennoch kein Interesse zeigt, die Ratschläge zu prüfen und die Übungen anzuwenden, dann handelt man wahrhaft töricht." Daraufhin begann Milarepa mit einem neuen Lied.

Vom Samsāra

Ich verneige mich zu Füßen Marpas, des Übersetzers,
merkt auf, meine gläubigen Gönner!

Wie töricht ist es,
   aus Übermut Sünden zu begehen,
   während die Dharmaordnung sich zur Lebensführung
   anbietet.
Wie leer ist ein Leben,
   das in sinnlichen Vergnügungen dahinsiecht
   und den Höhenflug geistiger Sinngebung nicht wagt,
   wenn ein kostbarer menschlicher Körper zur Verfügung
   steht.
Wie lächerlich ist es,
   in den Mauern der Städte zu verharren und zu vegetieren.
Wie albern ist es,
   sich mit Frauen und Angehörigen zu streiten und zu
   bekämpfen, die nichts anderes sind als Eure Besucher.
Wie sinnlos
   ist das Austauschen süßer und zarter Worte,
   die nichts sind als leere Echos eines Traumes.
Wie töricht,
   sein Leben geringzuachten und Feinde zu bekriegen,
   die doch oft kaum mehr als zerbrechliche Blumen sind.

Wie selbstzerstörerisch sind jene,
   die sich mit Gedanken an Familie und Beruf zu Tode
   martern, die sich ans Haus der Māyā [28] binden lassen.

Wie schwachsinnig ist es,
sich vom Geiz fesseln zu lassen,
da Reichtum und Wohlstand doch nur Schulden sind,
die man bei seinen Nächsten eingegangen ist.
Wie kindisch ist es,
seinen Körper zu schmücken,
wenn sich am Ende herausstellt,
daß er nur ein Gefäß des Schmutzes war.
Wie dumm ist es,
sich für Wohlstand und Güter die Nerven zu zerrütten,
und den Nektar der Inneren Lehre zu vernachlässigen.
Wer als kluger Mensch gesund bleiben will,
in einer Horde von Verrückten,
der hat keine andere Wahl:
er muß sich den geistigen Übungen widmen, genau wie ich.

Darauf antworteten ihm die Versammelten: „Wir danken Dir von ganzem Herzen für Deine Gesänge der Weisheit. Für uns ist es jedoch ganz unmöglich, mit Deinem Fleiß und Deiner Intelligenz zu wetteifern. Wir wollen aber versuchen, die Torheiten zu vermeiden, die Du uns gerade bewußt gemacht hast. Bitte erlaube uns nun das Vorrecht, den besonderen Wunsch auszusprechen, Dich für die weitere Zukunft stets unter uns zu wissen, damit wir Lebenden Dir unseren Dienst erweisen können, und um Deine Anweisungen zu empfangen. Aber auch, damit Du den verstorbenen Seelen diejenigen Hilfen zuteil werden läßt, für die sie im Zwischenzustand empfänglich sind."

Milarepa antwortete auf diese Bitte: „Im Gehorsam zu dem Auftrag meines Guru habe ich auf dem Schneegebirge meditiert. Ich kann deshalb nun für eine kleine Weile unter Euch weilen, aber niemals werde ich mich hier nach Eurer weltlichen Art niederlassen. Am Ende würdet Ihr meine Lebensweise mit Argwohn betrachten, und Ehrfurcht wie guter Wille wären dahin."

Darauf trug er folgendes Lied vor:

Vom Verhalten

Gehorsam gegenüber Marpa, dem Übersetzer!

Ihr gabenspendenden Männer und Frauen, die Ihr hier
  versammelt seid, hegt von Herzen kommendes, unwandelbares Vertrauen und betet zu mir mit ungeheuchelter Ernsthaftigkeit.

Wenn man mit seinen Freunden zu lange innigen Kontakt
  pflegt, dann wird man sich sehr bald überdrüssig.
Wenn sich Menschen sehr aneinander gewöhnen,
  dann entsteht meist Verachtung und Haß.
Zulanges Verweilen in der gleichen Gemeinschaft
  läßt jene Schwäche überhand nehmen,
  die vom Nächsten mehr erwartet, als er zu geben vermag.
Die Streitsüchtigkeit der menschlichen Natur
  führt zum Mißachten der Gelübde.

Schlechte Freundschaft vernichtet den Samen guter Taten.
Aufrichtige Worte, zu einer Masse gesprochen,
  haben in der Regel die schlimmsten Folgen.
Über Richtig und Falsch zu streiten, schafft nur mehr
  Feinde.

Blindgläubigkeit und Dogmatismus
  machen einen lasterhaft und bösartig.

Wenn schon pflichtgemäßer Dank für Gabenspenden
  im Nachbarn bösartige Gedanken weckt,
  setzt die Annahme der Totenspeisung[29]
  dem Neid und der Mißgunst aus.
Die Gabenspenden weltlich Gesinnter sind niedrig und
  wertlos.

Aus Gemeinschaft wächst Verachtung,
  aus Verachtung wachsen Abneigung und Haß.

Je mehr Häuser man besitzt,
  um so schmerzhafter der Abschied beim Sterben.
Dies Leiden und dies Wehklagen ist wirklich unerträglich,
  vor allem für den Yogi, der in Einsamkeit wohnt.

So suche ich, Milarepa, jetzt eine andere Einsiedelei auf,
  um allein zu leben.
Ihr Gläubigen, durch Eure Dienste und Gaben
  habt Ihr gutes Karma bewirkt.
Auch habt Dank für Euer Angebot:
  „Sei unser Opferpriester und Guru".

Ich versichere Euch meines Wunsches,
Euch bald wiederzutreffen und noch häufig wiederzusehen!"

Darauf anworteten die Zuhörer: „Wir sind noch nicht müde, Deine Anweisungen und Predigten aufzunehmen, aber wir sehen, daß der Ehrwürdige unserer Gegenwart überdrüssig geworden ist. Da unsere Angebote kein Gehör gefunden haben, müssen wir wohl oder übel Deinem Wunsch zustimmen, in die Einsamkeit zurückzukehren. Wir hoffen aber, daß Du von Zeit zu Zeit das Schneegebirge verlassen wirst, um uns zu besuchen."

Die zahlreichen Geschenke, die sie ihm mitgeben wollten, nahm er nicht an. Darüber gerieten die Schüler in das größte Erstaunen und faßten — von überschwenglicher Freude ergriffen — ein noch größeres Vertrauen in den Jetsun.

Dies ist der Text: In den Schneefeldern.

ANMERKUNGEN

[1] Dunba (T.: sTon.Pa.) ein hoher Priester, der mit den buddhistischen Schriften vertraut ist und die Fähigkeit besitzt, Gläubige spirituell zu unterweisen.

[2] Prāna ist reine aktive Energie, die stoffliche Entsprechung für reines schöpferisches Bewußtsein. Wer reines Bewußtsein besitzt, hat automatisch Prāna, die Macht des Seins oder die Lebenskraft, gemeistert.

³ Erde, Wasser, Feuer, Luft. Die vier Elemente sind grobstoffliche Manifestationen des Prāna. Wer Prāna beherrscht, kann aus ihm heraus alles Grobstoffliche entstehen lassen.

⁴ Verschiedene Körper und Gegenstände kann der Yogi dann manifestieren, wenn er seine körperlichen Sinnesorgane mit den verschiedenen Elementen bewußt eint. Milarepas Dokumentation dieser Fähigkeit soll den Schülern zeigen, daß der Mensch über Bewußtseinskräfte verfügt, die es ihm ermöglichen, mit mehr Naturgesetzen umzugehen, als der gewöhnliche Mensch im Alltag nutzt.

⁵ Das Schweigegebot wird häufig gegeben, um die mit Bewußtseinskraft nicht vertrauten Menschen nicht zu verwirren.

⁶ Samādhi wird körperlich von einer stark reduzierten Stoffwechselrate begleitet, so daß in der Tat kaum Nahrungsmittel benötigt werden.

⁷ Siehe Anmerkung 19 im 1. Lied (Am roten Felsen).

⁸ Bardo (T.: Bar.Do.) bezeichnet eine Reihe von Zwischenzuständen zwischen Tod und Leben bzw. Wiedergeburt. Eine ausgezeichnete Darstellung der Bardo-Lehre findet sich im Tibetanischen Totenbuch.

⁹ Der „Bardo des Hier-und-Jetzt" meint, daß auch die physische Existenz in der Welt nichts anderes ist als ein Zustand, der sich aus Leben und Tod zusammensetzt. Das Erlangen der Befreiung im Hier-und-Jetzt ist angesichts der dichten Bindung an das Materielle, der jeder Weltbewohner ausgesetzt ist, dann wahrhaft eine besondere Leistung.

¹⁰ Die 28 Mondstellungen beziehen sich auf Konstellationen, in denen der Mond sich befinden kann.

¹¹ Die acht Planeten sind: Sonne, Mond, Mars, Merkur, Venus, Jupi-

ter, Saturn und Rahu (der Planet der Auflösung).

[12] Der Yogi, der den „Yoga der Wärme" (T.: gTum-Mo.) übt, darf nur Baumwollkleidung tragen. Einmal, um nicht nach immer schöneren Pelzen zu begehren, zum anderen, um die Freisetzung körperlicher Wärme durch psychische Stimulierung anzuregen.

[13] Herrschaft über die Lebensenergie (Prāna) beweisen tibetische Yogis vor allem im „Yoga der Wärme".

[14] (T.: Roma und Yunma), die beiden Nervenkanäle links und rechts der Wirbelsäule, durch die die Lebensenergie auf und ab steigt.

[15] Die „Vier Krankheiten", Krankheiten, die durch ein Ungleichgewicht in der materiellen Zusammensetzung des Körpers — also durch ein Ungleichgewicht zwischen den vier Elementen Erde, Wasser, Feuer, Luft — hervorgerufen werden.

[16] Die „Übende Nachfolge" (T.: sGrub.brGyud.) ein weiterer Name der Schule Marpas und Milarepas, die mehr an Yogapraxis als an Philosophie interessiert ist.

[17] „Nektar des Samaya" bezieht sich auf die geistige Nahrung, die der Übende erhält, wenn er Samaya praktiziert, das heißt, sich an die tantrischen Vorschriften und Anweisungen hält.

[18] Die Natur der Gedanken fühlender Wesen ist Begrenzung. Wer Śūnyatā (Leere) verwirklicht, löst diese Grenzen auf. In buddhistischer Sprache: er hebt alles in Dharmadhātu auf, in der alldurchdringenden, universalen, formlosen Form.

[19] Dharmakāya: der Körper der Wahrheit, ohne Attribute und absolut.

[20] In Tibet ist es üblich, daß derjenige, der sich für längere Zeit zurückzieht, Linien um seinen Wohnplatz zieht, die er nicht über-

schreitet. Hier wurden die Grenzlinien vom Schnee gezogen, der so stark gefallen war, daß an ein Verlassen des Meditationsortes oder auch an Besuch von anderen nicht zu denken war.

[21] Die „Drei Vollendungen" sind höchste Zustände in bezug auf Lehre, Übung und Erleuchtung.

[22] Wenn die Idee der Richtung im Raum noch existiert, dann ist das Unterschiedenheit und nicht Einheit oder Weisheit, denn Richtung bedeutet Begrenzung und Vielheit, Weisheit jedoch überschreitet das alles.

[23] Asuras sind Halbgötter.

[24] T.: lHan.Cig.sKyes.Pahi.Ye.Çes, das höchste Wissen, das am Anfang aller Schöpfung mit dieser zusammen und in dieser manifest wird. Es ist in allem zu aller Zeit.

[25] Tig Le (T.: Thig.Le.) hat eine Reihe von Bedeutungen, wie das Feste, das Wesentliche, der männliche Samen, das weibliche Blut, meint also die Lebensessenz des Physischen. Hier bezeichnet es die unwandelbare Sphäre der absoluten Wahrheit.

[26] Wer einmal wirkliche Transzendenzerfahrung oder meditative Erfahrung gemacht hat, den begleitet diese Erfahrung in allem Tun ununterbrochen.

[27] Bodhi-Geist ist der Geist der Erleuchtung, hier auch Tig Le.

[28] Māyā ist Täuschung oder Einbildung. Die gesamte erscheinende Welt wird von Milarepa als unwirklich, als Traum, als ein magisches Schattenspiel angesehen.

[29] Totenspeise ist die Speise, die im Namen einer verstorbenen Person verschenkt oder gegessen wird. Wenn ein Lama (tibetischer Priester) Totenspeise annimmt, ist er verantwortlich für die Befreiung der Seele dieser Person. Deshalb wird dieser Akt sehr ernst genommen.

VON DEN FREUDEN EINES YOGI

„Verehrung allen geistigen Lehrern"

Milarepa, der Meister des Yoga, ging aus Gehorsam zum Auftrag seines Guru von Junpan zu den Schneehöhen von Yolmo, wo er sich in der Tigerhöhle von Senge Tson[1] in den Wäldern von Singalin niederließ. Die lokale Gottheit von Yolmo erschien nun in ihrer gnädigen Gestalt. Sie folgte den Anweisungen des Jetsun und bemühte sich, ihm den besten Dienst zu erweisen. So verweilte Milarepa hier für einige Zeit in einer tief inspirierten Geistesverfassung.

Eines Tages kamen von Mon fünf junge Nonnen, um ihn zu besuchen. Sie wandten sich an ihn mit den folgenden Worten: „Man erzählt, daß der Ort hier voll von Schrecken sei und deshalb ein vorzüglicher Ort, um in der Meditation Fortschritte zu machen? Wie kann das wahr sein?"

Daraufhin lobte Milarepa den Ort mit folgendem Lied:

Der Lob des Ortes

Verehrung sei Dir, mein Guru!
Ich begegnete Dir,
    weil ich (in früheren Leben) große Verdienste gesammelt habe.

Und nun befinde ich mich an dem von Dir
für mich vorhergesehenen Platz [2].

Dieser Ort ist entzückend,
umgeben von Hügeln und Wäldern.
Auf den Bergwiesen blühen die Blumen,
in den Wäldern tanzen die aufgeregten Wipfel!
Dies ist ein Spielplatz der Affen.
Die Vögel singen melodische Lieder.
Die Bienen summen und surren im Flug,
und vom Tagesanbruch bis zur Dämmerung
kommen und gehen die Regenbogen.
Sommers wie Winters fällt ein süßer Regen,
und Schwaden von Nebel und Dunst
rollen herauf in Herbst und Frühling.
An einem so entzückenden Ort habe ich mich
niedergelassen, um über das die Leere erleuchtende Bewußtsein zu meditieren.

Oh, selig sind die zahllosen Formen der Schöpfung!
Je gewaltiger die Gemütsstimmungen auf- und niederschwanken,
um so gewaltiger wächst meine Freude.
Glücklich ist der Körper, den kein sündenschweres Karma plagt,
glückbringend auch die zahllosen Verwirrungen.

Je stärker die Furcht in mir aufsteigt,
um so erhabener ist das Gefühl der errungenen
Meisterschaft [3].
Oh, glückselig ist das Erlöschen von Wahrnehmung und Leidenschaft!
Je größer die Qualen und Leidenschaften,
um so intensiver erlebt man Segen und Freude!
Welch ein Glück, wenn man Leiden und Krankheiten nicht fühlt —
Welch eine Seligkeit aber zu erkennen,
daß Freude und Leiden eins sind.
Welches Glück, sich der körperlichen Bewegung
bewußt zu sein, die aus dem Yoga erwachsen:
Hüpfen und laufen, tanzen und springen,
wieviel Seligkeit bringt dies!

Welche Freude entspringt aus einem siegreichen
Gesang,
welches Glück liegt im murmeln und summen
(von Liedern),
Seligkeit bereitet das Sprechen und der tönende Gesang.
Glücklich ist das Gemüt, machtvoll und voller
Selbstvertrauen, so es im Reich der grenzenlosen Totalität gegründet ist.

Das höchste Glück erwächst aus der im Selbstbezug entspringenden Eigenmacht:
Selig sind die unzähligen Formen und Offenbarungen.

Meinen treuen Schülern singe ich dieses Lied,
einen Willkommensgruß,
den Gesang von des Yogis Freuden.

Darauf gab Milarepa den fünf Novizinnen einige mündliche Anweisungen zur Einweihung. Durch die sofortige Anwendung dieser Übungen erfuhren sie das innerliche Aufleuchten der Verwirklichung. Dieser Erfolg überwältigte selbst Milarepa und er sang das Lied vom:

Nektar der Anweisungen

Oh mein Guru,
der den unmißverständlichen Pfad der Befreiung gezeigt hat,
der vollkommene Erlöser, der groß ist an Güte,
bitte, entferne Dich niemals von mir,
bleibe ewig als Kronjuwel über meinem Haupt[4].

Hört mich nun, die Ihr dem Dharma treu sein,
da Ihr jetzt in Meditationsstellung vor mir sitzt:
Obwohl die überlieferten Lehren des Buddhas
zahllos sind, ist derjenige, der den tiefgründigen
Pfad[5] beschreitet,
über alle Maßen gesegnet!

Wenn Ihr beschlossen habt, in einem einzigen
Leben die Buddhaschaft zu erlangen,
dann solltet Ihr Euch nicht um das Nichtige am
Leben sorgen;

Auch sollt Ihr die Sehnsucht nach dem Selbst verstärken.
Andernfalls werdet Ihr zwischen den Entscheidungen über „Gut" und „Böse" hin- und hergerissen und stürzt in die Abgründe des Unglücks.

Wenn Ihr Eurem Guru einen Dienst erweist,
hütet Euch vor dem Gedanken:
‚Ich bin derjenige, der den Dienst leistet —
Er ist es, der den Dienst genießt'.
Wenn Ihr dieses Gefühl nicht umwandelt,
werden Zänkereien und Uneinigkeit daraus folgen, und die Sehnsucht (nach Erleuchtung) wird nicht erfüllt.

Wenn Ihr den Entschluß gefaßt habt,
die Anweisungen der Tantra-Lehren zu befolgen, müßt Ihr Euch von denen trennen, die sich dem Laster ergeben haben.
Andernfalls werdet Ihr von üblen Einflüssen angesteckt und beschwört die Gefahr herauf, die Anweisungen zu übertreten.

Wenn Ihr Euch im Studium und im Lernen befleißigt, hütet Euch vor Worten des Stolzes, sonst entfacht Ihr die ruhenden Feuer vergiftender Leidenschaften zu hellen Flammen[6] —

Das gute Karma der tugendreichen Gedanken
und Taten wird aufgezehrt.

Wenn Ihr Euch zusammen mit Freunden zurückzieht, um zu meditieren,
dann nehmt Euch nicht zuviel auf einmal vor,
sonst verhindert Ihr die Erfüllung tugendreicher Taten und werdet von der Hingabe abgelenkt.

Solange Ihr dem Pfad der Form folgt [7],
der von der Mündlichen Überlieferung herstammt,
solange enthaltet Euch des Dämonaustreibens,
jagt auch nicht die Geister weg (mit denen andere umgehen).
Andernfalls werden diese in Euer Bewußtsein eindringen und Euch Sehnsucht nach weltlichen Zielen wecken.

Wenn Ihr gewisse Erfahrungen und Verwirklichungen [8] erlangt,
so stellt Eure Kräfte nicht heraus und prophezeit nichts.
Sonst entgleiten Euch die geheimen Formeln und Symbole und die Verdienste und geistigen Einsichten gehen verloren.

Hütet Euch vor diesen Abgründen, vermeidet sie,
meidet auch die üble Tat,
eßt keine schlechte Nahrung,

geht den Verpflichtungen aus dem Weg,
die mit der Annahme der Totenspeise verbunden sind [9].

Meidet das Reden mit süßen Worten, schmeichelt
nicht, seid demütig und bescheiden,
und Ihr werdet Euren Weg finden.

Darauf wollten die Nonnen wissen, wie sie denn den eigenen Weg erkennen könnten und baten um weitere Anweisungen.
Milarepa antwortete (mit dem Gesang)

Vom Finden des Weges

Ich verneige mich vor meinem Guru,
   dem Gnädigen,
   ich bitte Dich,
   laß Deine Gnadenwellen zu mir strömen;
Bitte, verhilf mir, dem Bettler, zu froher
   Meditation.

Obwohl Ihr Kinder der neuen Generation
   an Stätten wohnt,
   die von den Werken der Illusion heimgesucht
   sind:
Die Bindung an Dharma bleibt dennoch bestehen.
Weil Ihr die Lehren des Buddha vernommen habt,
   seid Ihr nun hierhergekommen.
Ihr vermeidet damit, auf Abwege zu geraten.

Durch die ständige Übung der Verdienstanhäufung [10]
pflegt Ihr die Neigung zur Hingabe.
So werden die Gnadenwellen in Euch eindringen
und gleichzeitig wachsen ähnelnde und aktuelle Verwirklichung [11].

Aber selbst, wenn Ihr all dies tut,
wird es Euch wenig helfen,
wenn Ihr nicht die volle Meisterschaft erlangt.
Aus Mitleid zu Euch
gebe ich Euch nun die Anweisungen,
hört genau zu, meine jungen Freunde!

Wenn Ihr Euch in der Abgeschiedenheit aufhaltet,
dann denkt nicht an die Vergnügen in der Stadt.
Andernfalls werden üble Hindernisse in Euren
Herzen aufsteigen.
Lenkt Euer Bewußtsein nach innen,
und Ihr werdet den Weg finden.

Wenn Ihr mit Entschlossenheit und Ausdauer
meditiert, dann vergegenwärtigt Euch die Übel
des Samsāra und auch die Ungewißheit der
Todesstunde.
Setzt Euch hinweg über die Sehnsucht nach weltlicher Lust;
Mut und Ausdauer werden in Euch wachsen,
und Ihr werdet Euren Weg finden.

Wenn Ihr um Belehrung in den Übungen bittet,
wünscht nicht, Wissen anzuhäufen oder ein
Gelehrter zu werden,
sonst werden die weltlichen Motive und Taten
Überhand gewinnen.
Ihr würdet Euch um die Chance des jetzigen
Lebens rauben.
Seid demütig und bescheiden,
so werdet Ihr Euren Weg finden.

Wenn Euch dann die verschiedenen Meditations-
erfahrungen kommen, verfallt nicht dem Stolz
oder der Ungeduld,
dies anderen mitzuteilen.
Sonst werdet Ihr die Gottheiten und die Mütter [12]
in ihrer Arbeit stören.
Meditiert ohne Zerstreutheit
und Ihr werdet Euren Weg finden.

Wenn Ihr Euren Guru begleitet,
schaut nicht auf seine Verdienste,
auch nicht auf seine Versäumnisse —
Ihr würdet Berge von Fehlern finden.
Nur durch Glauben und Treue werdet Ihr Euren
Weg finden.

Wenn Ihr mit Euren Brüdern und Schwestern im
Dharma heilige Versammlungen besucht,
versucht nicht an die Spitze zu treten,

sonst werdet Ihr Haß und Neid wachrufen
und auch gegen die Vorschriften verstoßen.
Nehmt aufeinander Rücksicht,
sucht gegenseitiges Verstehen
und Ihr werdet Euren Weg finden.

Wenn Ihr in einem Dorf um Almosen bittet,
so nehmt Dharma nicht als Vordergrund für Betrug
und Ausbeutung.
Andernfalls zwingt Ihr Euch selber hinab
auf den niederen Pfad.
Seid aufrichtig und ernsthaft
und Ihr werdet Euren Weg finden.

Vor allem erinnert Euch zu allen Zeiten und an allen
Orten an dies Eine:
niemals zeigt Euch eingebildet oder stolz,
sonst werdet Ihr in Eurer Selbstüberhebung anmaßend
und Euch mit Heuchelei überladen.
Wenn Ihr so Euch von Betrug und Vortäuschung fern-
haltet, so werdet Ihr Euren Weg finden.

Der Mensch, der den Weg gefunden hat,
kann die kostbaren Lehren an andere weitergeben.
So hilft er sich selbst und auch seinem Nächsten.
Schenken ist dann der einzige Gedanke,
den er in seinem Herzen weiterpflegt.

Bei den Schülerinnen wuchs nun der starke Entschluß, mit Eifer zu üben und allem Weltlichen zu entsagen. Ein unerschütterliches Vertrauen in den Jetsun entstand. Sie sagten: „Wir möchten Euch ein goldenes Mandala [13] schenken, bitte, nehmt es an und erklärt die Lehre von der Schau, der Übung und der Tat."
Milarepa antwortete: „Das Gold benötige ich nicht; bitte verwendet es, um für die Zeit der Meditation Euren Lebensunterhalt zu sichern. Die Lehre von der Schau, der Übung und der Tat will ich Euch nun mitteilen. Bitte, achtet genau auf meinen Gesang."

Von der Schau, der Übung und der Tat

Oh mein Guru, Du Vorbild für die Schau, die Übung und
 die Tat!
Bitte beschenke mich mit Deiner Gnade und befähige
 mich, im Zustand reinen Selbstbewußtseins gegründet
 zu sein.

Für die Schau, die Übung, die Tat und die Vollendungen
 muß man drei Hauptpunkte kennen:

Alle Manifestationen, ja das Universum selbst,
 sind im eigenen Bewußtsein enthalten.
Die Natur des Bewußtseins ist Heim der Erleuchtung,
 weder wahrnehmbar noch berührbar.
Die sind die Schlüsselaussagen zur Schau.

Irrende Gedanken gelangen im Dharmakāya [14] zur
  Befreiung;
Reine Bewußtheit, die Erleuchtung ist stets Seligkeit.
Meditiert in der Art des Nicht-Tuens und der Nicht-
  Anstrengung.
Dies sind die drei Schlüsselaussagen zur Übung.

Durch die Tat des Natürlichseins
  blühen die Zehn Tugenden, von selbst gereinigt.
Weder durch Selbstkorrektur, noch durch Heilmittel [15]
  kann die Erleuchtete Leere gestört werden.
Dies sind die drei Schlüsselaussagen zur Tat.

Es gibt kein Nirvāna im Jenseits zu erlangen,
  und keinem Samsāra braucht man hier zu entsagen;
In Wahrheit das Selbst zu erkennen,
  bedeutet selbst Buddha zu sein.
Dies sind die drei Schlüsselaussagen zur Vollendung.

Überführt die drei Schlüsselaussagen
  innerlich in eine einzige:
Dies ist die Leere, Natur allen Daseins.
Dem wundervollen Guru bleibt es vorbehalten,
  dies anschaulich zu erhellen.

Übermässige Aktivität ist von keinem Nutzen;
Wenn man die Gleichzeitig-Geborene-Weisheit [16]
  erkennt, dann erreicht man sein Ziel.

Allen, die den Dharma üben,
  möge diese Predigt ein wertvolles Juwel sein.
Was ich lehre, entspringt direkter Yogaerfahrung.
Denkt sorgfältig darüber nach
  und bewahrt es in Eurem Gedächtnis.

Darauf fragten die Schülerinnen Milarepa: „Wie wir Dich verstanden haben, so ist der makellose Führer auf dem Pfad der Übung, mit großer Ernsthaftigkeit zu dem Guru zu beten. Gibt es darüber hinaus noch irgend etwas Anderes zu beachten?"
Milarepa lächelte über soviel Einfalt nachsichtig und antwortete: „Auch der Baum der Führung hat viele Äste."
Um das zu erläutern sang er das Lied:

Vom Baum der Führung

Der Guru, seine Jünger und die Geheimen Lehren,
  Ausdauer, Durchhaltekraft und Glaube,
  Weisheit, Mitgefühl und eine menschliche Form:
All dies sind stete Führer auf dem Pfad.

Einsamkeit ohne Aufregung und Verwirrung
  ist der Führer, der die Meditation schützt.
Der vollendete Meister, die Sonne der Weisheit,
  ist der Führer, der Unwissenheit und Finsternis auflöst.
Glaube, ohne Sorge und Ungeduld,
  ist der Führer, der sicherlich zum Glück führt.

Die Wahrnehmungen der fünf Sinnesorgane
    sind die Führer,
    die Euch zur Freiheit vom Sinneskontakt [17] führen.
Die mündlichen Lehren der Tradition der Meister
    sind die Führer,
    die die drei Körper des Buddha erläutern.
Die drei Kostbarkeiten, die Beschützer,
    sind die Führer ohne Fehl und Makel.
Wer von diesen sechs Führern geleitet wird,
    erreicht die Ebene des Yoga-Glücks;
Er nimmt Wohnung im Bereich des Ununterschiedenen,
    in dem alle Teilwahrheiten und Lehrmeinungen nicht
    mehr sind [18].

Wahrhaft, es ist wunderbar,
    Im Feld des Selbst-Wissens und der Selbst-Befreiung
    zu weilen.
Nur der folgt seinem Weg,
    der sich in einer Gegend niederläßt,
    die von Menschen nicht bewohnt wird.
Mit donnernder Stimme
    singt er die glücklichen Gesänge des Yoga.

Wenn das individuelle Bewußtsein hinausschreitet
    über die zehn Richtungen des Raums,
    dann entsteht der Regen des Ruhms;
Durch grenzenloses Mitgefühl
    werden die Blumen zum Blühen angeregt
    und die Blätter wachsen.

Das Unternehmen: erleuchtetes Bewußtsein,
  es umschließt das ganze Weltall.
So erlangt die reine Frucht des Bodhi-Herzens Vollendung.

Die Jüngerinnen dachten nun: „Was für eine Rolle spielt es für den Jetsun, wo er sich aufhält? Wir wollen ihn in unser Dorf einladen!" Deshalb sagten sie zu Milarepa: „Verehrungswürdiger, da Dein Bewußtsein nicht länger Veränderungen unterworfen ist, so bedarf es für Dich doch sicher keiner Meditationsübungen mehr. Deshalb und zum Wohle aller Wesen komme bitte in unser Dorf und predige uns den Dharma."

Milarepa antwortete: „Wer in der Einsamkeit die Meditation pflegt, der tut den Menschen den größten Dienst. Auch wenn mein Bewußtsein nicht länger den Veränderungen unterworfen ist, so haben die Yogis doch die Tradition, in der Einsamkeit zu bleiben." Darauf sang er:

Über die Essentiellen Lehren

Durch die Übung der Meditation
  erweise ich meinem Guru Verehrung und Dankbarkeit.
Bitte gewähre mir Deine Gnade,
  laß mich reifen und zur Befreiung gelangen.
Ihr, begabte Jünger und Befolger des Dharma,
  hört sorgfältig und ganz aufmerksam,
  was ich über die Essentiellen Lehren singe:

Stolz ist die Haltung der großen Schneelöwin,
   hoch oben auf den schneebedeckten Gipfeln.
Sie kennt keine Furcht.
In Erhabenheit wohnt sie in den Bergen.
Dies ist eines Schneelöwen Lebensart.

Auf dem Roten Felsen wohnt die Geier-Königin.
Ihre Flügel streckt sie hinaus in den freien Himmel.
Die Furcht abzustürzen kennt sie nicht.
Der ungebundene Flug,
   dies ist eines Geiers Lebensart.

In den Tiefen des großen Ozeans,
   schießt glitzernd die Königin der Fische umher.
Vor dem Ersticken hat sie keine Furcht.
Im Wasser zu schwimmen,
   dies ist der Fische Lebensart.

Auf den Wipfeln der Bäume
   schwingen muntere Affen.
Vor dem Herabfallen fürchten sie sich nicht.
Waghalsiges Klettern ist der Wildaffen Lebensart.

In den Wäldern des Singa-Berges
bin ich, Milarepa, in die Meditation der Leere versenkt.
Die Furcht, mein Bewußtsein zu verlieren, kenne ich nicht.
Ständige Wachheit in der Meditation,
   dies ist eines Yogi Lebensart.

Ohne Ablenkung geht der Yogi auf
   in der Meditation über das reine Mandala des Dharmadhātu.

Die Furcht, vom Wege abzugleiten, kennt er nicht.
Die Verankerung in der Quintessenz des Selbst,
dies ist eines Yogi Lebensart.
Durch die Arbeit mit den Nādīs, dem Prāna und den
Bindus [19]
beseitigt er Hindernisse und Irrtümer.
Nicht, daß die Lehren in sich selbst Fehler hätten,
sondern um den Grad der Verwirklichung zu erhöhen.
Wenn man lediglich dem natürlichen,
instinktmäßigen Benehmen folgt,
so wird man von zahllosen Höhen und Tiefen
geschüttelt [20].
Ohne Unterscheidung des Essentiellen
wirkt das dualistische Denken.
Die Lebenskeime zur Entfaltung zu bringen,
dies ist die Natur der Wechselwirkungen.

Bemüht sich ein Yogi um die Höherentwicklung anderer
Wesen, indem er die Macht des Gesetz von Ursache und
Wirkung aufzeigt,
dann sieht es so aus,
als würde er „gut" und „böse" für wirklich halten.
Doch dies bedeutet nicht,
daß er von der Essenz seiner Übungen abgewichen ist [21].
Um den verschiedenen Menschen zu zeigen,
daß es möglich ist, die Wesensessenz zu erfassen,
muß er vielmehr die Gegensätze ins Gleichgewicht
bringen.

Dies geschieht durch angemessene Darstellungen.

Jene großen Yogis, die die Übungen gemeistert haben,
   sind frei von den Wünschen dieser Welt.
Nicht aus Ruhmsucht verweilen sie in Abgeschiedenheit,
   vielmehr aufgrund der ihrem Herzen innewohnenden
   Neigung, das unverfälschte Erlebnis
   von Un-Berührtheit und Entsagung beizubehalten.

Yogis, die den Lehren dieses Pfads folgen,
   wohnen stets in den Höhlen der Berge.
Nicht daß sie zynisch und eingebildet wären,
   sondern weil ihr Selbstwille
   auf Konzentration und Meditation ausgerichtet ist.

Ich, der Baumwollbekleidete[22], habe viele Lieder gesungen.
Nicht um mich selbst zu vergnügen,
   sondern um Euch glaubenswilligen Jüngern eine Hilfe
   zu geben.
Aus meinem Herzen kamen hilfreiche und grundlegende
   Worte.

Darauf sprachen die Schülerinnen zu Milarepa: „Man kann wohl allein in der Einsamkeit leben, aber man bedarf der Nahrung und eines behaglichen Wohnplatzes, um richtig meditieren zu können!" Der Erhabene antwortete: „Ich habe meine eigene Nahrung und auch einen eigenen Wohnplatz, die ich Euch nun darstellen will."

Von der Nahrung und dem Wohnplatz

Ich neige mich zu den Füßen meines wunscherfüllenden
 Guru:
Bitte gewähre mir die Gnade einer wohlbekömmlichen
 Speise,
 die Speise Deiner Lehren!
Bitte gibt mir den Impuls,
 daß ich meinen eigenen Körper
 als das Haus des Buddha erkenne!
Bitte gewähre mir das als sicheres Wissen!

Aus Furcht begann ich mit dem Bau des Hauses,
 das Haus von Śūnyatā, der leeren Natur alles Daseins.
Nun bin ich frei von der Furcht vor seinem Einsturz,
 ich, der Yogi mit dem wunscherfüllenden Juwel,
 fühle Glück und Freude wo immer ich weile.

Aus Furcht vor Kälte suchte ich Kleider,
 das Gewand, das ich fand ist Ah Shea (die Psychische
 Hitze) [23].
Nun bin ich frei von der Furcht vor Kälte.

Aus Furcht vor Armut suchte ich nach Reichtümern.
Die Schätze, die ich fand,
 sind die Sieben Heiligen Juwelen [24].
Nun bin ich frei von der Furcht vor Armut.

Aus Furcht vor Hunger suchte ich nach Nahrung.
Die Speise, die ich fand,

ist der Samādhi der Soheit.
Nun bin ich frei von der Furcht vor Hunger.

Aus Furcht vor Durst suchte ich nach Getränken.
Der himmlische Trunk, den ich fand,
ist der Wein der Bewußtheit.
Nun bin ich frei von der Furcht vor Durst.

Aus Furcht vor Verlassenheit suchte ich einen Freund.
Der Freund, den ich fand,
ist die Wonne der ständigen Leere.
Nun bin ich frei von der Furcht vor Verlassenheit.

Aus Furcht vor Verwirrung suchte ich nach rechten
  Lehrern.
Der weite Pfad, den ich fand,
ist der Pfad der Zwei-in-Eins [25].
Nun bin ich frei von der Furcht, das Ziel zu verfehlen.
Ich bin ein Yogi, der alles nur Wünschenswerte sein Eigen
  nennt,
  glücklich an allen Orten,
  an denen ich mich aufhalte.

Hier in Yolmo Tagpu Senge Tson
  erinnert mich der feierlich-zitternde Schrei der Tigerin
  an ihre Jungen, die in kindlicher Unwissenheit spielen.
Ich kann nicht helfen,
  es sei denn, durch die Erweckung großen Mitgefühls.
Ich kann nicht helfen,
  es sei denn, durch größere Ernsthaftigkeit im Üben.

Ich kann nicht helfen,
es sei denn, durch Ausweitung meines Erleuchtungs-
Bewußtseins.
Der Schrei des Affen ist eindrucksvoll und bewegend.
Ich vermag nichts zu tun,
es sei denn, grenzenlose Güte zu erwecken.
Das Geschwätz der kleinen Äffchen ist amüsant und hin-
reißend, ich höre es und gedenke ihrer voll Mitgefühl.
Die Stimme des Kuckuks ist voll Rührung,
und klangvoll trällert die Lerche ihre Lieder.
Ich höre sie und kann nicht helfen,
es sei denn durch Zuhören.
Und wenn ich zuhöre, dann fließen mir die Tränen.
Die verschiedenen Laute und Schreie der Krähe
sind dem Yogi ein guter und hilfreicher Freund.
So wohne ich ohne menschliche Freunde an diesem Ort
und bin doch glücklich.
Seligkeit entströmt meinem Herzen,
und so singe ich fröhliche Lieder:
Mögen die finsteren Schatten der Sorgen aller Menschen
durch die Schwingungen meines Gesangs aufgelöst
werden.

Die Schülerinnen waren tief bewegt und ein Gefühl von
der Schwere des Saṃsāra überwältigte sie. Sie schworen
Milarepa, daß sie niemals die Berge verlassen würden.
Danach erreichten alle in der Übung der Meditation Voll-
kommenheit.

Eines Tages sagte Milarepas Schutzbuddha, daß es nun Zeit sei, ins zentrale Land zu gehen, um auch dort durch Meditation in der Einsamkeit den fühlenden Wesen beizustehen. Der Schutzbuddha machte auch eine Prophezeiung bezüglich des Erfolgs seiner Mission, den Menschen auf dem Weg der Selbstfindung zu helfen und den Dharma zu verbreiten. So machte sich Milarepa nach Zentraltibet auf.
Soweit die Geschichte, die sich am Yolmo-Schneegebirge ereignete.

ANMERKUNGEN

1 T.: sTag.Pug.Sen.Ge.rDson.: die Tiger Höhle am Löwenplatz.

2 Marpa, Milarepas Guru, legte Milarepa ans Herz, die meiste Zeit seines Lebens in Einsamkeit zu verbringen. Er sagte auch genau die Orte vorher, an denen Milarepa seine Meditation ausüben würde.

3 Diesen Anschauungen liegt die Idee zugrunde, daß vom höchsten Wissen her gesehen, Samsāra Nirvāna ist, das Gute gleich dem Schlechten, alle scheinbaren Gegensätze eben eins sind. So unterscheiden sich auf die Gefühle des Aufs und Abs während der Meditation letztlich durch nichts von reinem Bewußtsein.

4 Im Tantrismus ist der Guru bedeutender als selbst Buddha. Von seinem spirituellen Meister gesegnet zu werden, ist von höchster Wichtigkeit. Der tibetischen Tradition gemäß, visualisiert der Yogi zu Beginn jeder Meditation seinen Guru, indem er ihn oberhalb des eigenen Kopfes sitzen läßt. Daraufhin betet er zu ihm.

5 Milarepa meint hier Übungen im fortgeschrittenen Yoga.

⁶ Die fünf vergiftenden Leidenschaften oder Wünsche (die Fünf Kleśas) sind: Lustbegierde, Haß, geistige Blindheit, Stolz und Eifersucht.

⁷ Der „Pfad der Form" oder Pfad mit Form, eine Meditationsart, bei der mit inhaltlichen oder visuellen Mitteln gearbeitet wird.

⁸ „Erfahrungen" (T.: Nams.) und „Verwirklichungen" (T.: rTogs.). Nams bedeutet eine unvollständige, nur halb durchsichtige Erfahrung mit entsprechendem indirektem Wissen von Yoga. rTogs bedeutet die klare, vollendete Erfahrung. Erleuchtungsähnliche und wirkliche Erleuchtungserfahrungen sind hier gemeint. Nams kann verglichen werden mit der Erfahrung eines Reisenden, der zwar sein Reiseziel, eine Stadt z.B., schon als ganze vor sich sieht, sie aber noch nicht erreicht hat, während die Verwirklichung (rTogs.) bedeutet, daß er in der Stadt sich aufhält und die Einzelheiten der ganzen Stadt aus unmittelbarer Anschauung kennenlernt.

⁹ Ein tibetischer Ritus, vor dem sich die Erleuchtungssuchenden hüten sollen, da er sie bindet.

¹⁰ Die „Übung der Verdienstanhäufung" umfaßt alle Praktiken und Tugenden spiritueller Art. Im Mahāyāna-Buddhismus werden besonders karitatives Tun, Eigenschulung oder Disziplin, Geduld und Meditation hierunter verstanden.

¹¹ Es gibt Grade der Erleuchtung: die ähnelnde Erleuchtung kommt zuerst in der Meditation, die eigentliche Erleuchtung folgt nach einer Zeit des Vertrautgewordenseins mit dem ersten Grad, so daß dieser trandszendiert werden kann. Vgl. Anm. 8.

¹² „Mütter". Hier sind die Muttergottheiten gemeint: Tārā, Dorje Paumo, Lhamo und andere.

¹³ Mandala bedeutet hier ein Gebrauchsgegenstand für sakramentale Darreichungen.

[14] „Dharmakāya": die unendliche geistige Potentialität.

[15] „Selbstkorrektur" und „Heilmittel" bezeichnen alles, was der Einzelne unternimmt, um mit bewußter Bemühung Fehlverhalten einzudämmen oder auszugleichen. Da beide letztlich mit der Großen Leere identisch sind, können solche Aktivitäten die Leere nicht „stören".

[16] Die „Gleichzeitig-Geborene-Weisheit": wenn ein Mensch geboren wird, wird die Weisheit der Buddhaschaft automatisch mitgeboren. Die Buddhanatur ist allinnewohnend und ewig.

[17] „Kontakt" bezieht sich darauf, daß alle Empfindungen und Wahrnehmungen durch die Berührung, die Begegnung des Bewußtseins mit Gegenständen zustandekommen.

[18] Alle Begriffe, wie Monismus, Dualismus, Sein, Nichts, Existenz usw. sind gleich leeren Worthülsen. Dem Erleuchteten bedeuten sie gar nichts.

[19] Nādīs, Prāna und Bindu: die Nervenbahnen, die Atmung und die Ausscheidung. Der Tantrismus kennt eine Reihe von Übungen, die diese körperlichen Systeme gezielt reinigen, um so von der Körperebene her optimale Bedingungen zu schaffen.

[20] „Höhen und Tiefen" bezieht sich hier auf die ständig schwankenden Aktivitäten und Emotionen, in denen sich der Mensch befindet.

[21] Die „Essenz der Übungen" besteht in der Schau der Nicht-Zweiheit, der Ununterschiedenen Ganzheit, der Totalität der Leere. Wer allerdings diesen Zustand nicht erreicht hat, hält Gegensätze für unüberwindbar, z.B. den Gegensatz zwischem dem Guten und dem Bösen. Eine Illusion, die überwunden werden muß, um vollkommene Erleuchtung zu erlangen. Sie wird durch das Insgleich-

gewichtbringen der Gegensätze im vereinheitlichten Feld des Bewußtseins überwunden und durch deren angemessene, lehrhafte Darstellung.

[22] Bezeichnung für einen Yogi, der in der Lage ist, mit Geisteskraft Wärme zu erzeugen und deshalb nicht mehr als leichte Baumwollkleidung benötigt, selbst im strengen Winter. So ein Yogi heißt Repa (T.: Ras.Pa.).

[23] Ah Shea (T.: Ā.Çad.) ist die Wärme, die in einer bestimmten tantrischen Meditation freigesetzt wird. Vgl. A. David-Neel (1931)

[24] Im einzelnen: Gold, Silber, Kristall, Rubin, Koralle, Achat und Carneol. Hier im bildlichen Sinn gemeint.

[25] Der „Pfad der Zwei-in-Eins" ist ein Name für den buddhistischen Weg der Erleuchtung durch die Vereinigung von Gegensätzen.

VON DER VERWIRKLICHUNG

„Verehrung allen Gurus"
Der ehrwürdige Milarepa kehrte von der Glücklichen Stadt Mang Yul nach Nya Non zurück. Seine früheren Gönner waren alle hoch erfreut, ihn wieder zu sehen, und baten ihn, ständig in Nya Non zu bleiben. Am Fuß eines riesigen Baumes erhob sich ein bauchartig geformter Felsen, unter welchem sich eine Höhle befand, und Milarepa ließ sich hier nieder. Darauf kamen der ehrwürdige Priester Shajaguna und eine Anzahl von Gönnern aus Nya Non und fragten ihn, welche Fortschritte er in der Meditation gemacht habe und zu welchen Verwirklichungen er während seines Besuches der anderen Orte gelangt sei. Zur Antwort sang er:

Verwirklichung

Marpa, dem Übersetzer, bezeuge ich meine Verehrung.

Während meines Aufenthalts an anderen Orten
   realisierte ich: nichts ist;
Ich befreite mich aus Dualität,
   von Vergangenheit und Zukunft;
Ich begriff, daß die Sechs Bereiche[1] nicht existieren.

Ein für alle Mal wurde ich von Leben und Tod befreit —
Und ich verstand, daß alle Dinge gleich sind.
Nicht mehr werde ich mich an Glück oder Unglück binden.
Ich realisierte: alles, was ich wahrnehme, ist Illusion,
und ich wurde befreit vom Annehmen und Abgeben.
Ich verwirklichte die Wahrheit der Nicht-Unterschiedenheit und wurde befreit von Samsara und Nirvāna.
Ich sah ferner ein, daß Übungen, Schritte und Stadien
(auf dem Weg zur Befreiung) Illusion sind.
So ist mein Gemüt frei von Hoffnung und Furcht.

Von neuem fragten die Gönner: „Und was hast Du darüber hinaus verstanden?" Milarepa antwortete: „Nun, um Euch zu erfreuen, will ich ein angemessenes, hilfreiches Lied singen."

Von der Befreiung

Des Menschen Eltern schaffen die äußeren Ursachen und
Bedingungen.
Des Menschen universelles Samenbewußtsein [2]
legt die inneren Bedingungen.
Der erforderliche reine menschliche Körper
befindet sich zwischen diesen beiden.
Ausgestattet mit diesen drei
befindet man sich außerhalb der Drei Reiche des
Schreckens [3].
Durch die Beobachtung des mühseligen Geburtsvorgangs
in die äußere Welt hinein,

wächst die Sehnsucht nach Entsagung
und der Glaube an das Gesetz des Dharma
von innen heraus.
Außerdem sollte man sich die Lehren des Buddha
immer ins Gedächtnis zurückrufen;
So wird man frei von weltlich gesinnter Gefolgschaft
und auch von Feinden.

Der Vater-Guru versorgt uns von außen mit Hilfe;
Aus der inneren Sammlung erhebt sich die Selbst-
Unterscheidung;
Zwischen diesen beiden wachsen Vertrauen und
Überzeugung.
So wird man frei von allen Zweifeln und Verwirrungen.

Vergegenwärtigt man sich die fühlenden Wesen
in den Sechs äußeren Reichen,
während unbegrenzte Liebe aus dem inneren Gemüt
strahlt, dann gelangt man zu den Erfahrungen der
Meditation.
So wird man frei von allem nur begrenzten Mitgefühl [4].

Die Drei äußeren Reiche sind selbstbefreit;
Im Innern leuchtet der selbstgegenwärtigen Weisheit [5]
volle Pracht.
Zwischen diesen beiden steht der Glaube an Verwirk-
lichung felsenfest.
So verschwinden Angst und Furcht.

Die Fünf Begierden wirken im Äußeren;
Die nichtbindende Weisheit scheint im Inneren;
Das Gefühl, daß beide schmecken wie Eines [6],
   dies wird dazwischen erfahren.
So ist man befreit von der Unterscheidung zwischen Wohl
   und Wehe.
Im Äußeren sind Entschluß und Tat wie abwesend;
Im Inneren sieht man Furcht und Hoffnung wegfallen;
Zwischen beiden liegt die Krankheit,
   die aus der Anstrengung (auf dem geistigen Pfad)
   entsteht, der Du entronnen bist.
So ist man befreit von der Wahl zwischen Gut und Böse.

Daraufhin sagte der ehrenwerte Shajaguna zu Milarepa: „Mein lieber Jetsun, schon seit langem ist Dein Gemüt in Reinheit aufgegangen, aber ich erhielt doch nie eine endgültige und überzeugende Lehre, obwohl ich schon früher bei Dir gewesen bin. Bitte gib mir nun die Einweihungen und die Anweisungen." Milarepa ging auf diese Bitte ein und sorgte dafür, daß er (Shajaguna) Mit den Übungen begann.

Nach einiger Zeit hatte Shajaguna eine Erfahrung; er kam zu Milarepa und sagte: „Wenn Samsara und die Erscheinungen in Wirklichkeit nicht existieren, dann besteht keine Notwendigkeit das Dharmagesetz zu üben; wenn das Gemüt nicht existiert, dann bedarf es keines Gurus; aber wenn es keinen Guru gibt, wie kann man dann die Übungen lernen? Bitte erkläre mir die wahre Natur dieser Probleme und erleuchte mich in bezug auf das Wesen des Gemüts, das Bewußtsein."

Darauf sang Milarepa:

> Von der wahren Natur

Erscheinungen sind nicht etwas, das ins Sein tritt;
Wenn man etwas zu sehen glaubt,
 so ist dies das Ergebnis eines Anhaftens.
Die wahre Natur des Samsāra liegt in Substanzlosigkeit
 (Leere);
Sieht man das Samsāra als Wirklichkeit an,
 so ist dies lediglich ein Trugbild.

Die Natur des Bewußtseins umfaßt „Zwei-in-Einem";
Wenn man unterscheidet oder Gegensätze sieht,
 dann beruht dies auf Anhaftung oder Zuneigung.

Ein wirklicher Guru besitzt einen Stammbaum,
 darum ist es Unsinn, sich einen eigenen Guru schaffen zu wollen.
Die Essenz des Bewußtseins ist wie der Himmel;
Und so ist es manchmal von den Schatten des Gedankenflusses verdeckt.
Dann bläst der Wind
 von des Gurus Inneren Lehren [7]
 die Wolken hinweg.
Und dennoch ist der Fluß der Gedanken selbst die
 Erleuchtung.

Diese Erfahrung ist so natürlich wie Sonnen- und
  Mondlicht.
Und doch ist sie jenseits von Raum und Zeit.
Sie ist jenseits aller Worte und Beschreibungen.
Aber Sicherheit wächst im eigenen Herzen
  wie das Aufleuchten vieler Sterne.
Wann immer solches Leuchten wahrgenommen wird,
  dann entsteht tiefe Ekstase.

Die Natur des Dharmakāya liegt jenseits allen Geredes,
  völlig frei von den Handlungen der Sechs Gruppen.
Sie ist transzendent, frei von Anstrengung und natürlich,
  jenseits des Verstehens von Selbst und Nicht-Selbst.
Immer in ihr zu verweilen,
  das ist die Weisheit des Nicht-Anhaftens.
Wunderbar, wundervoll ist Trikaya, Drei-in-Einem.

Milarepa belehrte dann Shajaguna, nicht an Vergnügen, Ruhm und an der Welt zu hängen und sich sein ganzes Leben den Übungen des Dharma hinzugeben und ferner andere dazu zu bewegen, ähnliches zu tun.
Dann sang er:

Der Erleuchtete weiß

Höre mich, Du vielbegabter Mann!
Ist dieses Leben nicht voll von Unsicherheit und
  Enttäuschungen?

Sind Freuden und Vergnügungen nicht Täuschungen?
Gibt es in dieser Welt irgendeinen dauerhaften Frieden?
Ist ihr falsches Glück nicht unwirklicher als ein Traum?
Sind Ehre und Schande nicht so leer wie ein Echo?
Sind nicht alle Formen dasselbe wie die Natur des Geistes?
Ist der Buddha nicht wesenseins mit dem Dharmakāya?
Ist nicht Dharmakāya mit der Wahrheit gleich?
Der Erleuchtete weiß: alle Dinge sind Ergebnisse des
   Denkgeistes;
Deshalb sollte man seinen Denkgeist bei Tag und bei Nacht
   beobachten.
Wenn Du dann (Dein Bewußtsein) betrachtest
   und nichts siehst,
   dann halte Dein Bewußtsein in diesem Zustand des
   Nicht-Sehens fest.

In Milarepas Bewußtsein gibt es kein wesenhaftes Selbst;
Ich selbst bin die Mahāmudrā;
Weil es zwischen stillem und tätigem Meditieren
   keinen Unterschied mehr gibt,
   darum brauche ich die Stufen des Pfades nicht.
Was immer sie darstellen mögen,
   ihre Essenz ist Leere;
In meiner Sammlung gibt es weder Aufmerksamkeit noch
   Unaufmerksamkeit.
Ich habe den Geschmack der Nicht-Existenz gekostet;
Verglichen mit anderen Lehren ist diese die Höchste.

Die Yoga-Übungen der Nādīs, Prāna und Bindu [8],
die Lehre von Karma Mudrā [9] und vom Mantra-Yoga,
die Visualisierungsübungen des Buddha
und die vier Reinen Haltungen,
dies sind im Mahāyāna nur die ersten Schritte.
Sie zu üben, kann Lust und Haß nicht entwurzeln.

Was ich jetzt singe, behaltet fest in Eurem Bewußtsein:
Alle Dinge sind aus Selbstbewußtheit,
die an sich leer ist.
Wer sich nie von der Erfahrung und Verwirklichung der
Leere trennt, hat ohne Anstrengung alle Übungen
der Anbetung und der Schulung vollendet.
Darin werden alle Verdienste und Wunder gefunden!

So sang Milarepa, und der Lehrer Shajaguna widmete sich erneut der Übung der Meditation. Er erlangte ein außerordentliches Verständnis und wurde einer der vertrautesten Jünger-Söhne des Jetsun.

Dies ist die Geschichte, wie Milarepa den Priester Shajaguna von Nya Non, in der Bauchigen Höhle zur Reife führte.

ANMERKUNGEN

[1] Die „Sechs Bereiche" oder auch „Sechs äußeren Reiche" sind in Anm. 9 des 2. Gesangs: „Die Reise nach Lashi" aufgelistet.

[2] „Universales Samenbewußtsein" oder „Speicherbewußtsein" (Skt.: Ālaya-vijñāna, T.: Kun.gShi.rNam.Çes.), ein Bewußtsein, das im

Mahāyāna und Tantra-Buddhismus eine große Rolle spielt, da es alle Keime für Handlungen enthält, die aufgrund vergangenen Karmas reifen können.

3 Die „Drei Reiche des Schreckens" sind die Welt der Wahrnehmungen, die Welt des Körpers und die Welt der Emotionen, die alle von Leiden geprägt sind. Der Buddhismus lehrt, daß vor der Geburt in diese Reiche ein karmisches Muster im Unmanifesten gegeben ist, das alle materiellen und geistigen Bedingungen enthält, die zum Geborenwerden eines besonderen Lebewesens führen.

4 „Begrenztes Mitgefühl" bezieht sich auf die unter gewöhnlichen Umständen vorkommende bevorzugende und einschränkende Form der Liebe. Dagegen zeichnet sich der Erleuchtete durch uneingeschränkte, allumfassende Liebe aus. Die Mahāmudrā-Praxis soll derartiges unbegrenztes Mitgefühl kultivieren helfen. Man sagt, daß unendliches Mitgefühl oder reine Liebe ganz natürlich aus dem Buddha-Bewußtsein fließt, wenn man in der Mahāmudrā-Praxis fortgeschritten ist.

5 „Selbstgegenwärtige Weisheit": ein erleuchteter Mensch hat nie das Gefühl, daß er die Weisheit des Buddha erreicht oder entwickelt hat, vielmehr hat er sie einfach aufgedeckt, die allgegenwärtige Weisheit.

6 Geschmack des Einen oder „schmecken wie Eines" (T.: Ro.gCig.) bezieht sich auf den Bewußtseinszustand, in dem man mit der „universalen Harmonie" verschmilzt oder die Nicht-Unterschiedenheit des Seienden wahrnimmt, bzw. die alldurchdringende Totalität realisiert.

7 „Innere Lehre" sind Lehren, die der Schüler nicht mündlich erhält, sondern die ihm vom Lehrer von Herz zu Herz und im direkten Bezug auf seinen Bewußtseinsgrad gegeben werden.

8 Nādīs, Prāna, Bindu siehe Anm. 19 des 4. Gesangs: „Von den Freuden eines Yogi".

9 Karma Mudrā: ein fortgeschrittener, vollendender Yoga, durch den die Sexualenergie sublimiert wird.